天田昭次作品集

鉄と日本刀の五〇年

1

作品目次

・本書は、新潟市歴史博物館において「人間国宝・天田昭次―鉄と日本刀展」(新潟市歴史博物館・新潟日報社共催、平成十七年三月五日～二十七日)が開催される機会に制作した。
・掲載作品の選定は作者の意向に基づき、これを編集委員会で検討し決定した。意図した作品でも、所在が確認できなかったり、事情があるなどして、掲載できなかった作品がある。
・五〇年に及ぶ作刀歴や、幅広い作域、さまざまな試行に比すと十分な収録数ではないが、代表作や記念の作、その時々の特徴ある作風はほぼ取り上げたと思われる。書籍『鉄と日本刀』(平成十六年、慶友社刊)と併せてご覧いただくと、天田昭次の全容がご理解いただけるものと考える。
・天田昭次作品二八点のほか、参考として関係者四人の作品を掲載した。
・作品の写真は、全身を紙面に合わせてすべて縮小で掲載したほか、特に注記のない限り、中心・切先などの部分を縮小九五パーセント、刀身の一部を拡大一・八五倍とした。
・肖像写真は、平成十六～十七年の近影である。

天田昭次作品集編集委員会

作品撮影●トム岸田／岸田克法
肖像撮影●三品謙次
調書作成●三品謙次
本文執筆●土子民夫

1

一九五八年

太刀　銘　昭次作
昭和卅三年二月日

刃長六九・一cm　反り二・二cm

形状　鎬造《しのぎづく》り、庵棟《いおりむね》、中切先《ちゅうぎっさき》詰まり猪首《いくび》ごころとなる。
地鉄《じがね》　小板目肌よく詰み、地沸《じにえ》厚くつき、細かい地景《ちけい》入る。
焼刃《やきば》　匂出来《においでき》の直刃《すぐは》、匂口《においぐち》締まり、小足《こあし》よく入る。
帽子《ぼうし》　直《すぐ》に小丸《こまる》に浅く返る。
中心《なかご》　棟小肉《むねこにく》、鑢目《やすりめ》筋違《すじかい》、先浅い刃上がり栗尻《くりじり》、孔《あな》一。

第四回作刀技術発表会優秀賞受賞作である。
作者の処女作は昭和二十九年、第一回作刀技術発表会で優秀賞を受賞、第二回は出品を辞退したが、第三回・第四回と連続受賞し、青年刀匠の登場が注目された。特に評価されたのは地鉄である。鍛えた素材は、鉄床《かなどこ》などの古鉄であるという。玉鋼《たまはがね》や和銑《わずく》の類は一切持っていなかった。そこでやむなく、古鉄を卸して用いたのである。しかし、品質にバラツキがあり、作品も安定しない。従来の材料の延長上に古名刀の再現があるとも思えない。この二つの理由から、自家製鉄研究に入ってゆく。刀鍛冶自らがかつて製錬までも行ったという例を、寡聞にして知らない。当時、小形炉操業に役立つ知見は周囲にほとんどなく、成果を見るには困難を極めたらしい。その揚げ句、病に倒れ、約一〇年間の空白を余儀なくされるのである。
本作は、発表会最後の感慨深い出品作である。

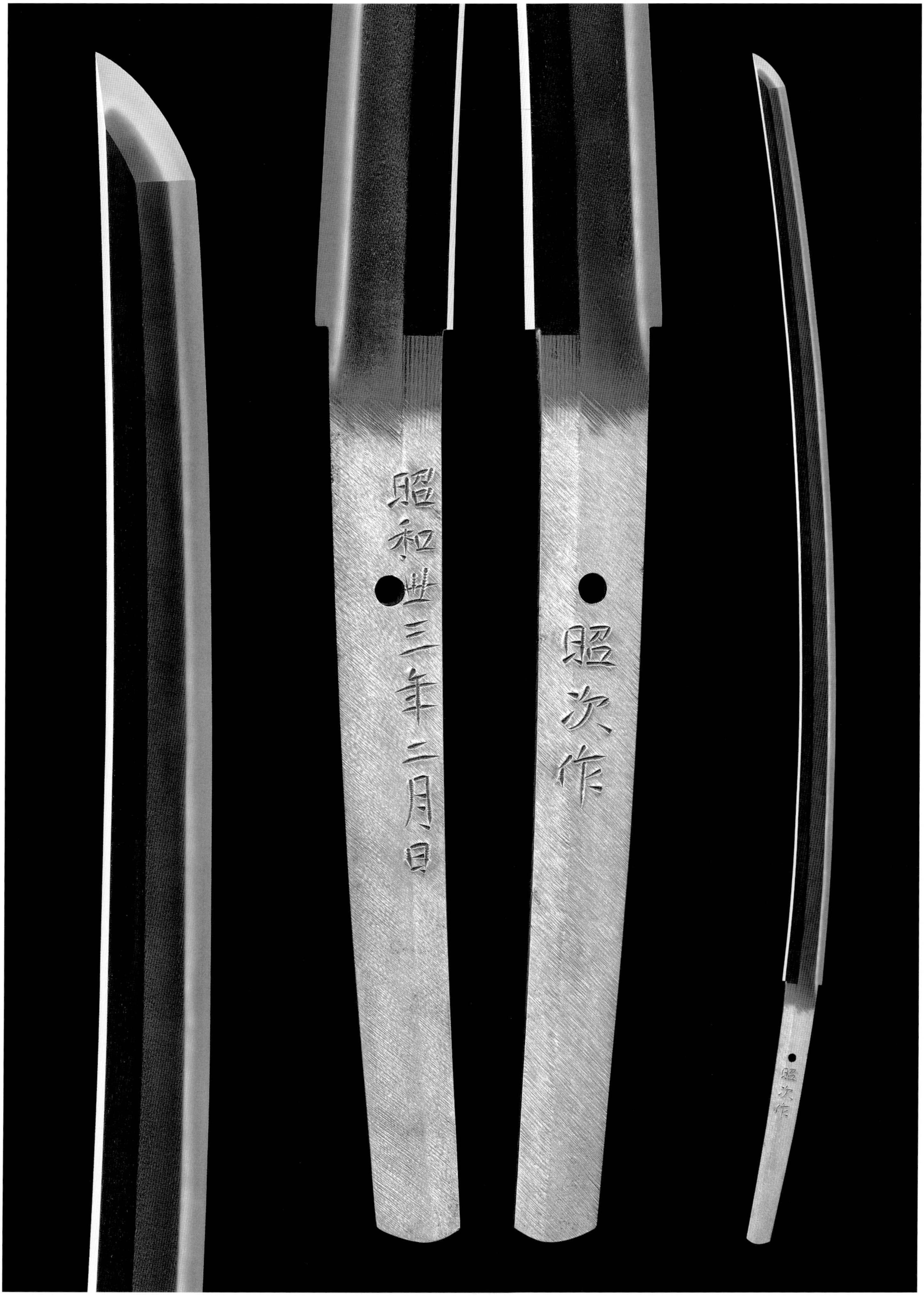
昭和廿三年二月日
昭次作
昭次作

2

一九七二年

刀　銘　天田昭次作之
昭和壬子歳初夏吉日

刃長七三・五cm　反り一・八cm

形状　鎬造り、庵棟、中切先延びる。

地鉄　板目肌、総体に流れ肌交じり、鎬地柾ごころとなる。地沸厚くつき、地景入り、砂流《すなが》し状また二重刃風の湯走《ゆばし》りところどころかかる。

焼刃　沸《にえ》出来の互《ぐ》の目《め》乱れ、沸深く、やや粗めの沸交じり、刃中よく足入り、金筋《きんすじ》・砂流しかかる。

帽子　乱れ込み、先掃きかけて返る。

中心　棟小肉、鑢目勝手下がり、先浅い栗尻、孔一。

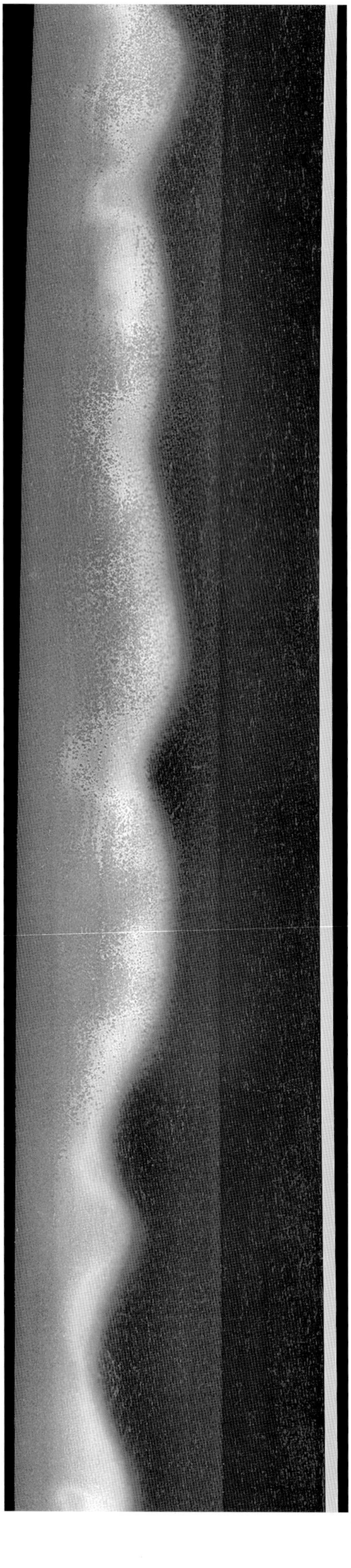

病癒《い》えて作刀を再開するのは、昭和四十三年である。本作はその四年後、新作名刀展と改称した展覧会の無鑑査に認定された直後のものである。この年の秋には、小形製鉄炉の研究により、日本美術刀剣保存協会から第一回薫山《くんざん》賞も授賞されている。

前掲の作品当時からは、技法上、いくつかの大きな変化があった。特筆されるのは、病床にあって銑にこだわり、思索を重ねていたが、快復後、ついにその処理法に光明を得たことである。小形反射炉を応用した独創である。これで得られた鋼はスラグ（鉄滓）が少なく、下鍛え・上げ鍛えの別なく通しで一二回前後の折り返し鍛錬で、適当な炭素量になったという。

本刀は、その材料をもって製作された。いわゆる相州伝の、傑出した出来を示す。何をもって相州伝と称するかは、人によって見解を若干異にするが、相州上工の地刃の働きや沸の輝きを手本とすることに異論はなかろう。戦後の美術刀剣の典型の一つが、ここに見られる。

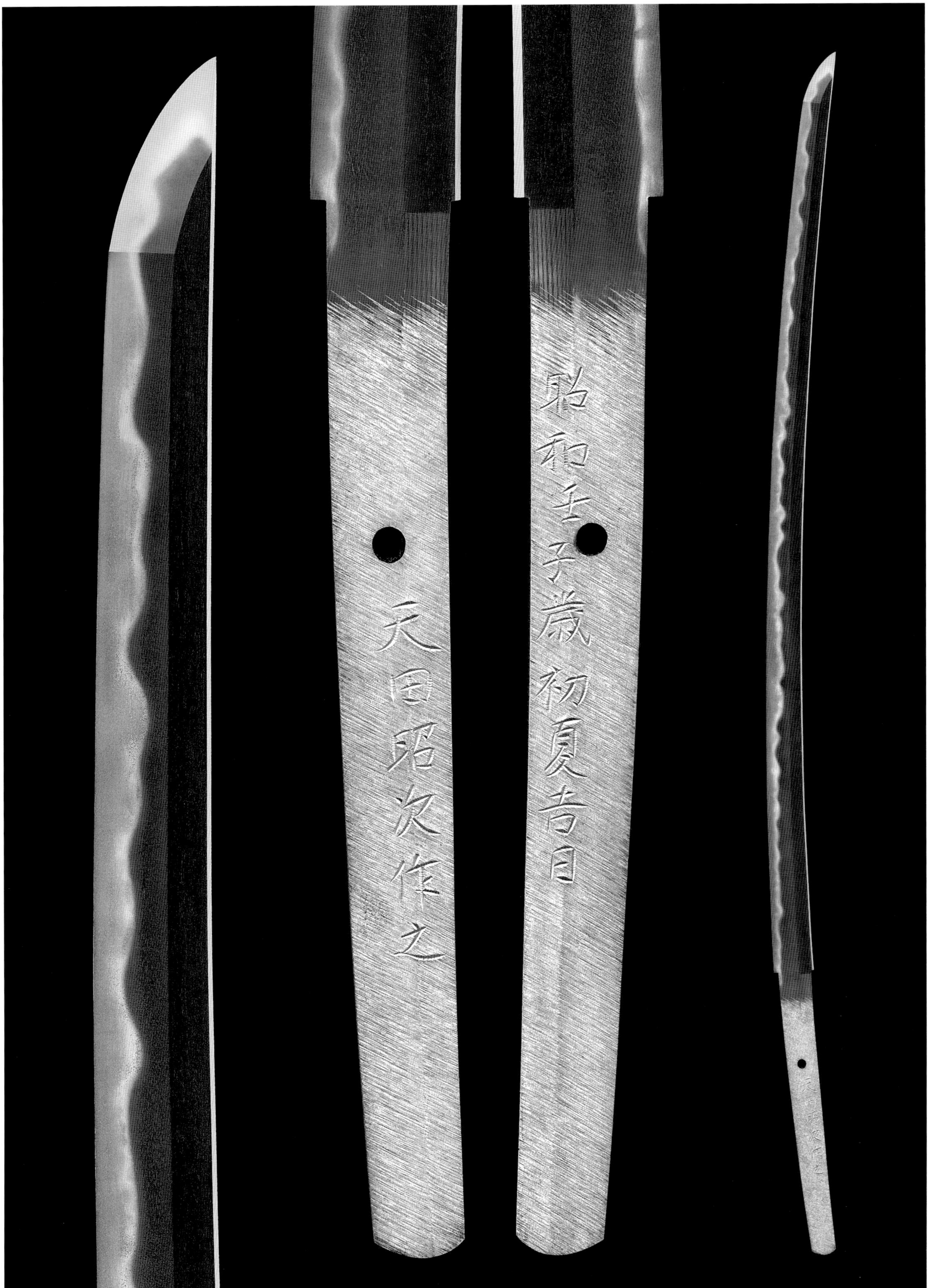
天田昭次作之
昭和壬子歳初夏吉日

3

一九七三年

直刀　銘　昭和癸丑年仲秋　天田昭次作
以伊勢神宮御神宝余鉄　為大越氏重代

刃長六三・六cm　反りなし

形状　切刃《きりは》造り、丸棟、魳《かます》切先。

地鉄　小板目肌よく詰み、地沸つき、地景入る。

焼刃　小沸出来の直刃、匂口締まり、足入り、刃中しきりに葉《よう》入り、砂流しかかる。

帽子　直に焼き詰めとなる。

中心　棟角、鑢目勝手下がり、先栗尻、孔一。

直刀は、鎬造りで反りを持つ日本刀完成以前の形態である。同趣のものは、古墳から副葬品として発掘されるほか、正倉院などにわずかに伝世品が存在する。

伊勢神宮の式年遷宮に際して新調される御神宝大刀も、古式に則った直刀である。厳格な規格を遵守すべき御神宝の製作は、なかなかに難しい。歪みや、研磨によってしばしば生じがちな刃方への反りも、あらかじめ考慮しておかなくてはならない。

前回の昭和二十八年の遷宮の折、作者は兄弟子の宮入昭平（のち行平）刀匠の助手として奉仕している。まだ制度として作刀が再開される気配はないが、宮入氏は来るべき日のために、心血を注いで本格的鍛錬に当たったという。当時、天田さんは三カ月余り、長野県の宮入工房に逗留し、主に下鍛えの作業を手伝った。その体験は、再開後の作刀にも、本刀にも十分生きている。

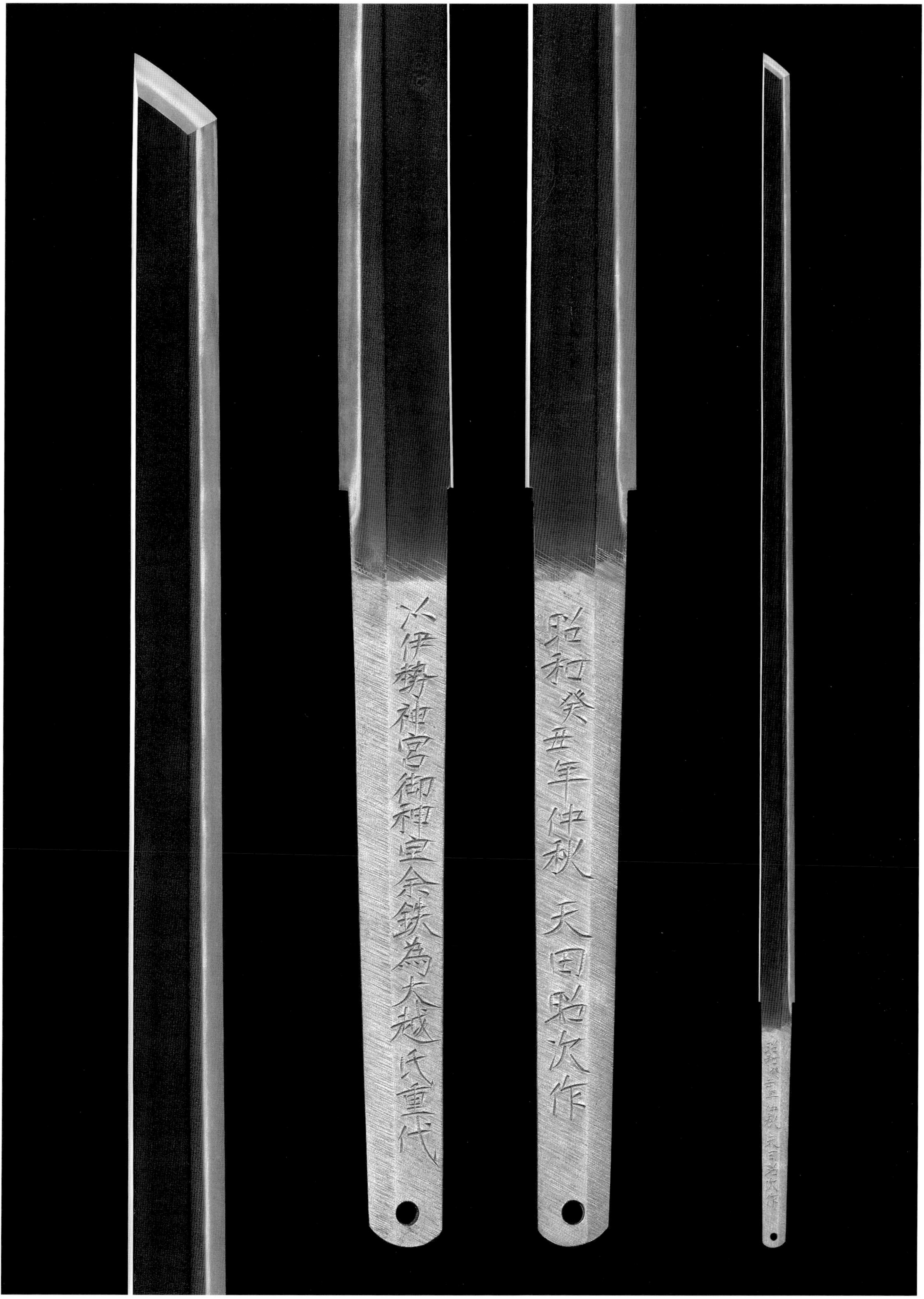
以伊勢神宮御神宝余鉄為大越氏重代
昭和癸丑年仲秋 天田昭次作

4

一九七四年

太刀　銘　越後国北蒲原郡月岡住人天田昭次作之
第五十五代横綱北の湖生誕ヲ記念シ此太刀贈ル　昭和甲寅七月廿四日　福原清一郎　高橋良禎

刃長七二・四㎝　反り一・九㎝

形状　鎬造り、庵棟、中切先。
地鉄　小板目肌よく詰む。
焼刃　匂出来の丁子乱れ、小沸つき、刃中足・葉よく入る。
帽子　乱れ込み、先尖りごころに返る。
中心　棟小肉、鑢目筋違、先浅い栗尻、孔一。

横綱北の湖関（現・日本相撲協会理事長）の現役時代、土俵入りに登場した太刀である。

二人の後援者から一年前の関脇当時、横綱になったら贈ろうと、製作が依頼された。初場所で初優勝し、大関に昇進したところで仕事を急ぎ、夏場所一三勝で横綱昇進を確実にしたころ、タイミング良く完成したという。

この太刀は製作上、二つの意欲的な試みがなされている。一つは、低温による直接製鋼であり、もう一つは丁子乱れである。低温製錬こそ古刀再現の突破口とする見解は今も一部に根強いが、実はスラグが多く、地鉄が濁りやすい。丁子は最も技巧的な焼刃で、焼刃土や焼き入れの諸条件が調和しないと、破綻を来しやすい。のちに多くの刀鍛冶が試み、愛刀家に称揚される丁子を、天田さんはこの一、二年前からひそかに研究していた。この作風を展覧会に無鑑査出品するのは、昭和六十二年のことである。

本作には当初からの太刀《たち》拵《ごしらえ》が添えられている。

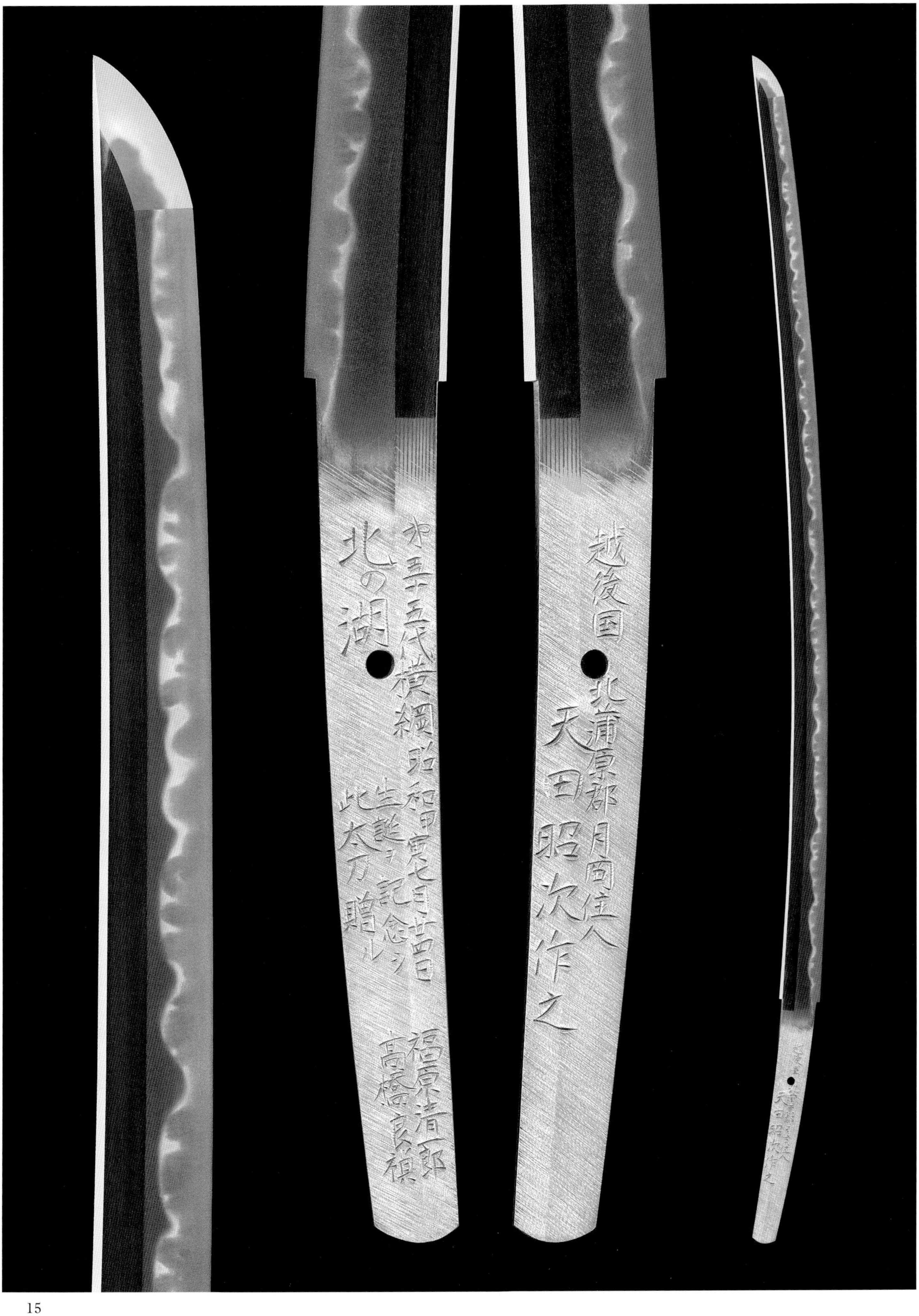
越後国
北蒲原郡月岡住人
天田昭次作之
第五十五代横綱昭和甲寅七月廿四日
生誕ヲ記念シ
此太刀贈ル
北の湖
福原清一郎
高橋良禎

5

一九七七年

太刀　銘　為中田敏之氏　天田昭次作之
昭和丁巳五拾二年正月吉日

刃長七二・二cm　反り二・一cm

形状　鎬造り、庵棟、中切先詰まり猪首風となる。
地鉄　板目肌やや肌立ち、流れごころとなり、地沸つき、地景よく入る。
焼刃　匂がちの直刃に小足よく入る。
帽子　直に小丸、先尖りごころとなる。
彫刻　表裏に棒樋《ぼうび》を掻き流す。
中心　棟小肉、鑢目筋違、先栗尻、孔一。

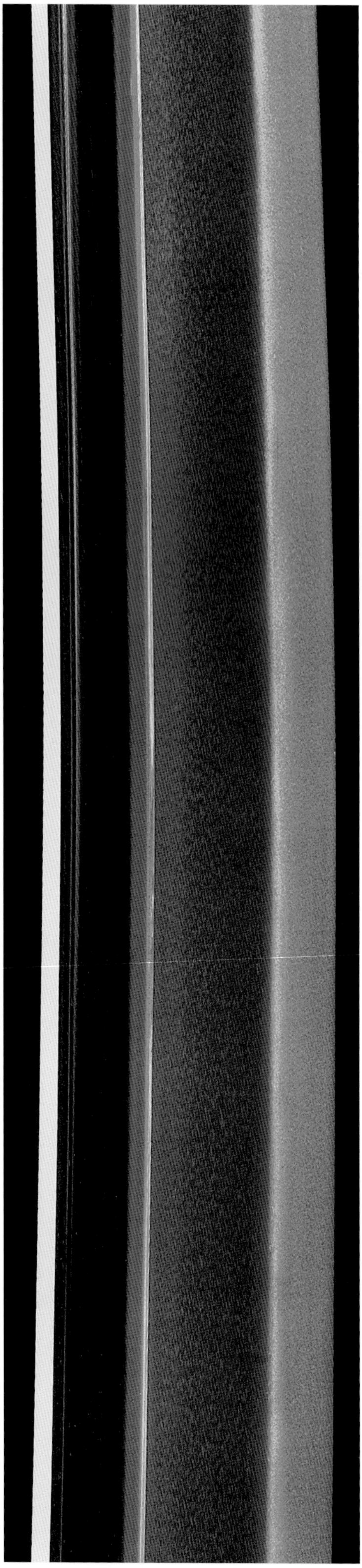

最初の正宗賞受賞作である。

地鉄が凛として美しく、これに直刃を力強く焼く技術は尋常でない。焼き出しはわずかに狭く、次第に勢いを増しながら立ち上がり、物打ちから帽子にかけて絶頂を迎える。殊に帽子は、表裏とも完璧である。

直刃は当初から得意な作域であるが、この作の土置きにはじっくり取り組み、妥協をしなかったという。

素材は、出雲の真砂《まさ》を低温で製錬した。得られた鋼はスラグを多く噛み込んでいて、含有炭素量も低い。丹念にスラグを抜き、浸炭させなくてはならない。その困難な作業もやり遂げた。

二〇年ほど以前から取り組んできた自家製鉄に確信を持つとともに、日本刀作家としての評価を一気に高めた一刀である。

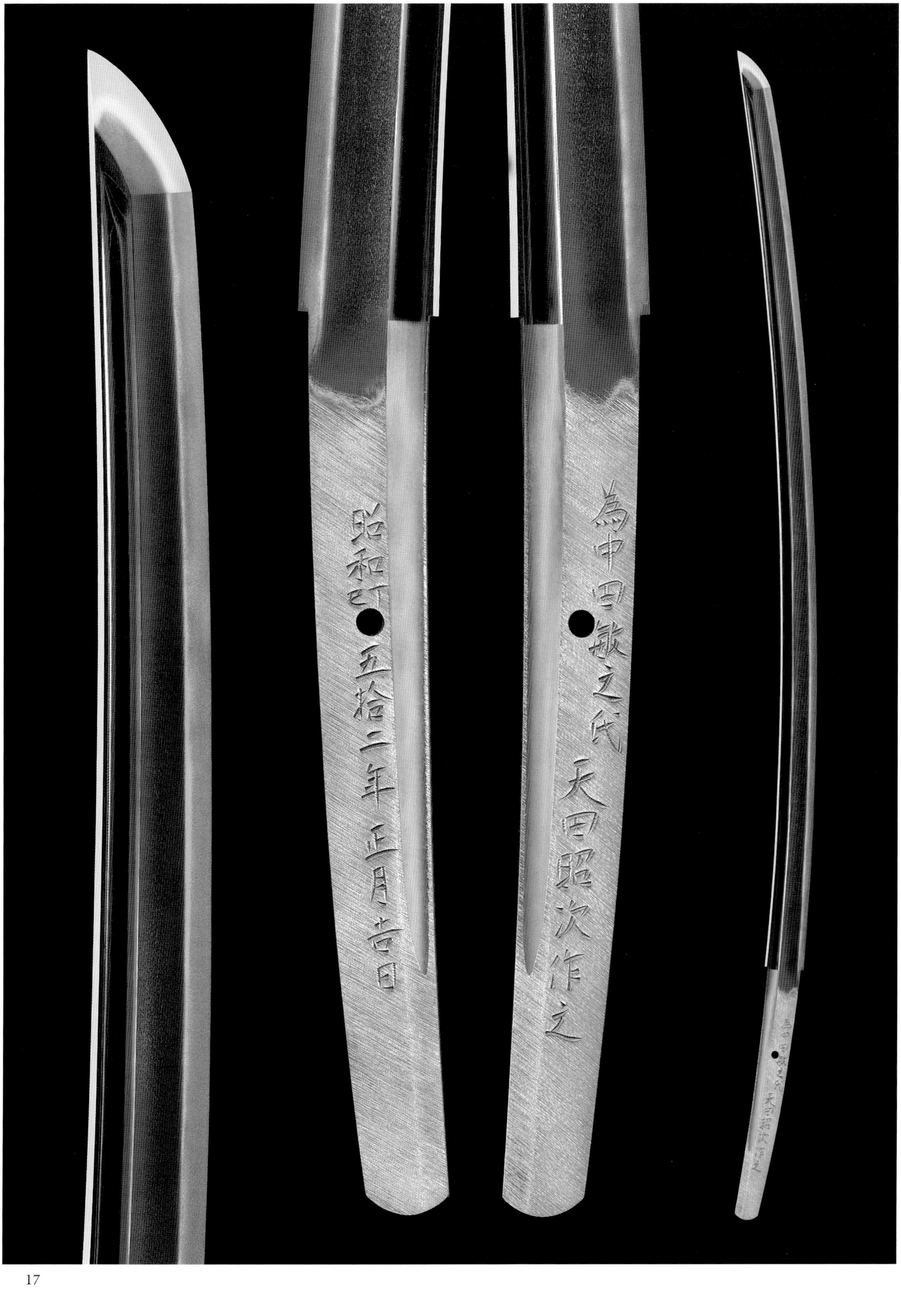
昭和巳丁五拾二年正月吉日
為中田敏之氏
天田昭次作之

6

一九七八年

太刀　銘　天田昭次作之　昭和五十三年弥生吉日

刃長七〇・九㎝　反り二・〇㎝

形状　鎬造り、庵棟、中切先詰まり猪首風となる。

地鉄　小板目肌詰み、わずかに流れ肌交じり、地沸つき、細かい地景入る。

焼刃　匂がちの直刃、匂口明るく冴え、刃中小足入り、わずかに砂流しかかる。

帽子　直に小丸、浅く返る。

彫刻　表裏に棒樋を掻き流す。

中心　棟小肉、鑢目筋違、先栗尻、孔一。

前年の正宗賞受賞作を踏襲し、さらに精緻化した作品である。

低温製錬に用いる砂鉄は、高チタンだと品質も歩留まりも悪い。その点、出雲の真砂は優れた砂鉄と言える。これをさらに細かく粉砕して使用した。還元性を高めるためである。

一つの作風を確立したと見えるが、製精錬一貫の仕事は効率が低く、安定性にも欠ける。作家としての厳しい価値観も相まって、依然、寡作にとどまっている。その上、並行して全く別の探究も行われている。

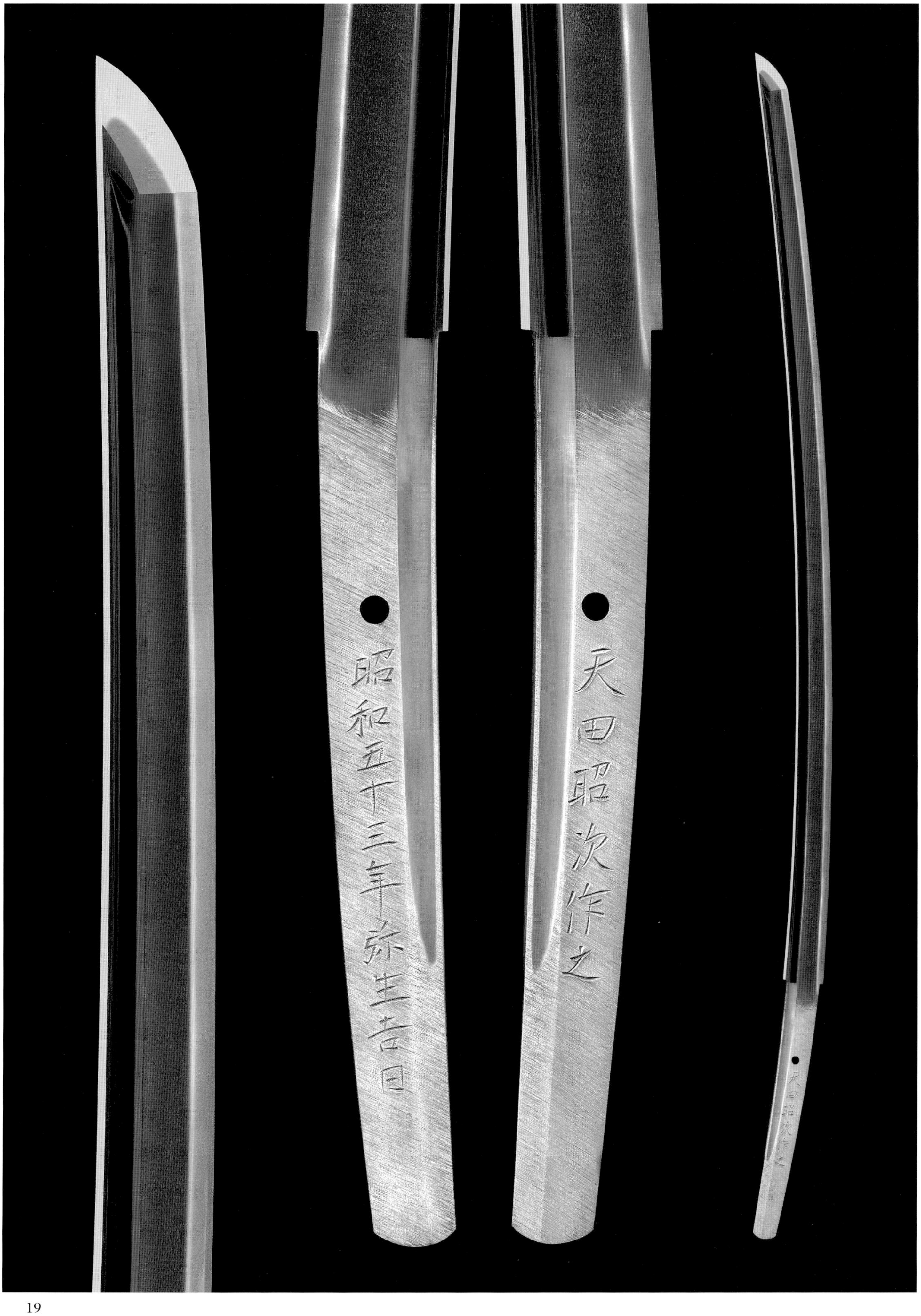
昭和五十三年弥生吉日
天田昭次作之
天田昭次作之

7

一九八一年

太刀　銘　奉納彌彦神社大御前　天田昭次造之
以真木山製鉄遺跡出土鉄塊　昭和五十六年正月吉日

刃長七二・五cm　反り二・一cm

形状　鎬造り、庵棟、中切先。
地鉄　小板目肌よく詰み、地沸つき、細かい地景入る。
焼刃　焼き幅狭い直刃、匂口締まりごころ、匂がちで小沸つき、わずかに小足入る。
帽子　直に丸くわずかに返る。
中心　棟小肉、鑢目筋違、先浅い栗尻、孔一。

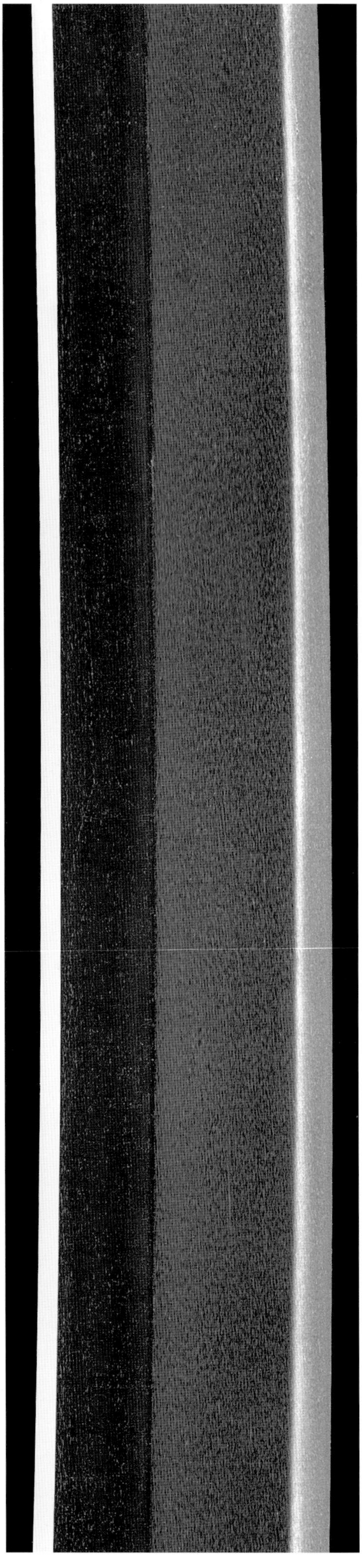

昭和四十八年、近在の製鉄遺跡調査が行われ、その折発見された鉄塊が鍛打実験のために提供された。遺跡は、古代から中世にかけての操業とみられる。鉄を究めようとする者にとっては、願ってもない機会である。分析では鉄塊の含炭量は意外に高かったものの、卸さなくても鍛打が可能で、折り返しは一一回に及んだ。印象に残るのは、粘って鍛接性も良く、表面に油を注いだような光沢があったことだという。

作品は、一部に常にはない介在物痕が見られ、優美な刀姿、焼き幅低い直刃と相まって古調な雰囲気が漂う。砥当たりも古刀に近いとは、研師の実感である。しかし、古刀ではない。

古名刀の再現には、当時の鉄を究めることは必須条件ではあっても、それだけではない。鍛法も、鍛錬技術や熱処理のいかんも同時に不可欠であると了解されたという。

本刀は残りの鉄塊とともに、豊浦町（現・新発田市）を経由して、越後一宮の彌彦神社に寄進された。

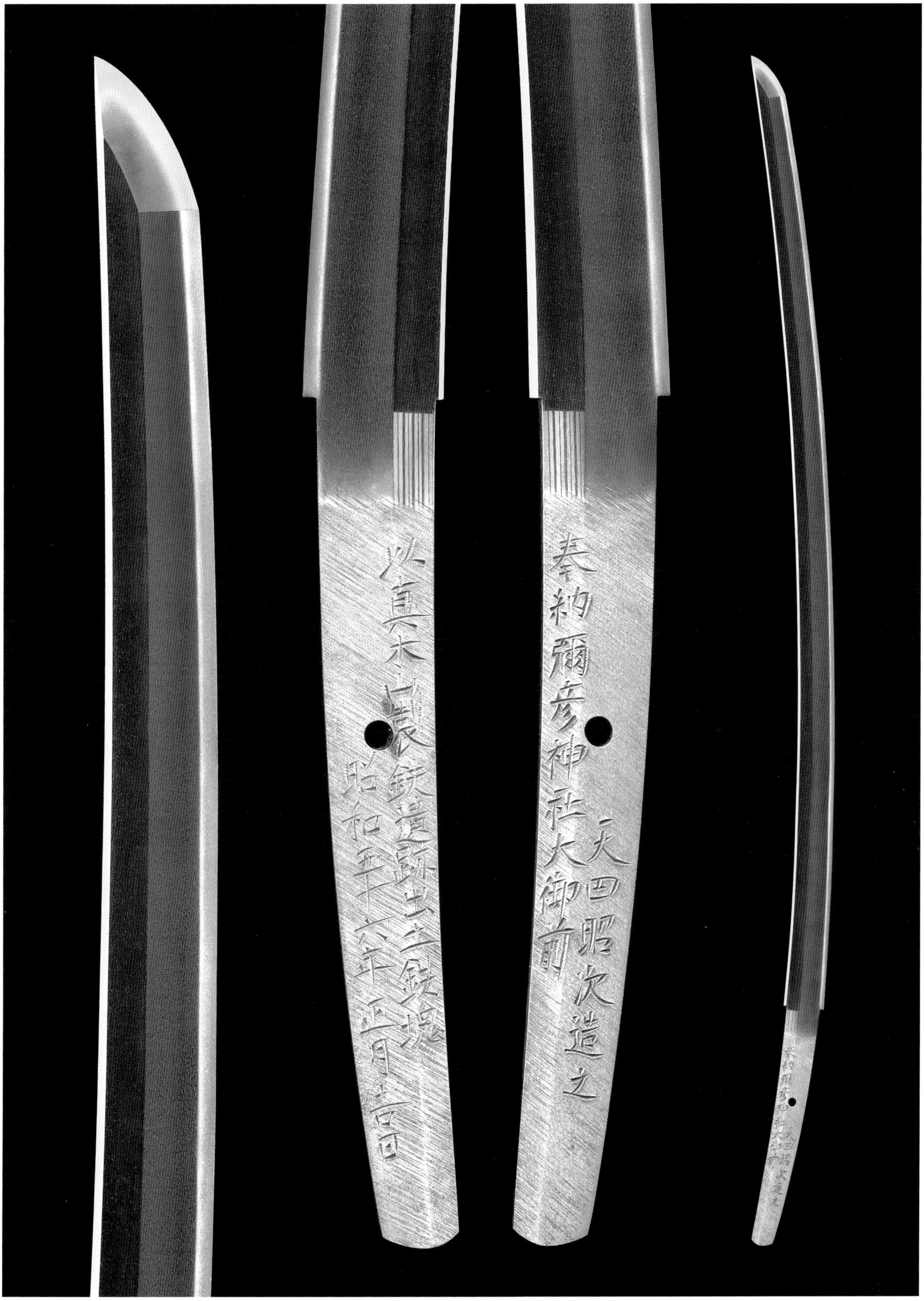
奉納彌彦神社大御前
天田昭次造之
以真木山製鉄遺跡出土之鉄塊
昭和五十六年正月吉日

8

一九八五年

刀　銘　天田昭次作之
昭和六十年仲春吉日

刃長七三・九cm　反り一・九cm

形状　鎬造り、庵棟、大切先。
地鉄　板目肌に大板目交じり、地沸厚くつき、太い地景よく入る。
焼刃　沸の深い互の目に湾《のた》れ交じる。
帽子　乱れ込み、先尖りごころに掃きかけて返る。
彫刻　表裏に棒樋を掻き通す。
中心　棟小肉、鑢目筋違、先栗尻、孔一。

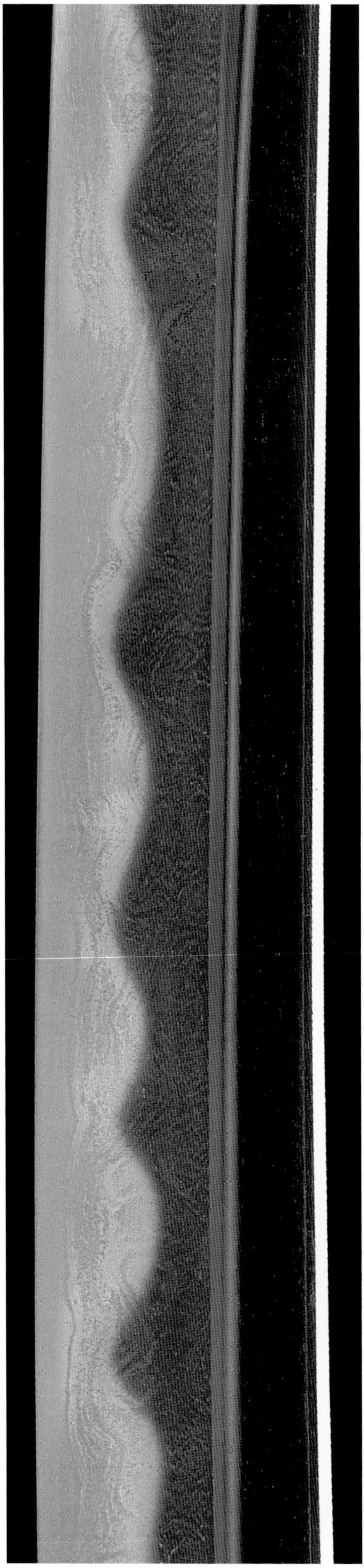

昭和六十年の新作名刀展で二回目の正宗賞を受賞した作品である。前回の山城伝から一転して、相州伝となった。この当時、備前伝の華やかな丁子乱れが人気を博す一方で、沸物の代表格である相州伝も強く求められていた作刀界であるが、地鉄が言うことを聞いてくれない。

本刀は、前掲の相州伝の地刃をより誇張し、鎌倉時代末期から南北朝時代にかかるころの本流を狙いとしている。折り返し回数を思い切り少なく、ザックリ鍛える。それでいてキズ気がないのは、柔軟な鋼の性質と鍛錬技術の賜物である。

この材料の生まれは銑という。その処理法は、かつて出雲でもっぱら銑鉄の製造に当たった最後の大鍛冶屋大工から得た。左下法《さげほう》により、銑鉄ではなく、鋼の段階でとどめ、鍛錬に回すのである。

この技法はのちに公開した。大がかりな和鉄の生産は今はなく、大鍛冶屋も後を絶ち、和製銑鉄である包丁鉄の製造技術は既に文献の上でしか再現できなくなっている。

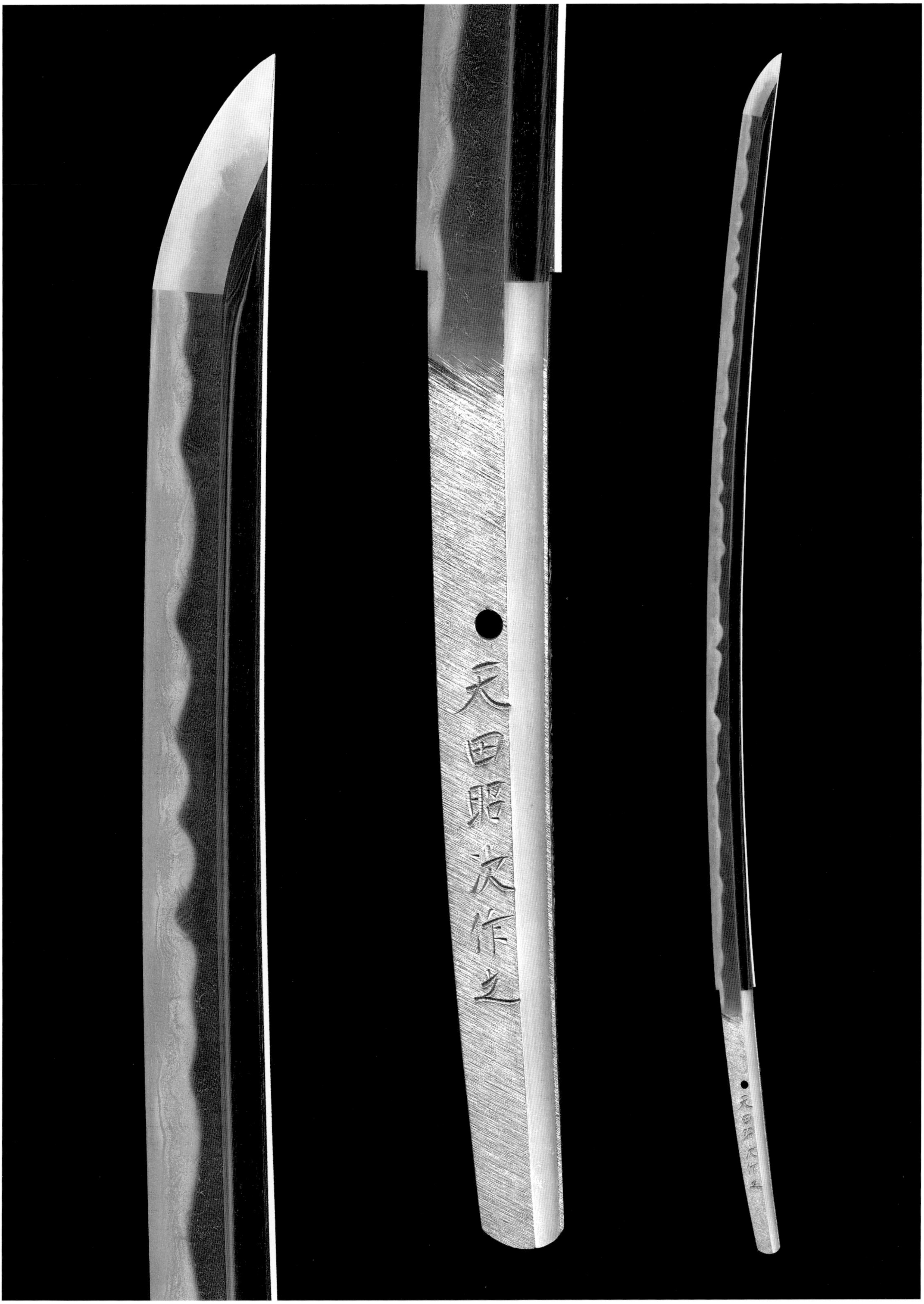
天田昭次作之

9

一九八六年

剣　銘　明日香宮大前
　　　　天田昭次謹作
　　（側面）皇紀二千六百二十六年七月吉祥日

刃長六五・四cm　反りなし

形状　両切刃造りの主刀と、左右交互に三本ずつの両鎬造り両刃の枝刀を持つ。
地鉄　板目肌やや肌立ちごころとなる。
焼刃　匂がちの直刃、匂口締まる。
帽子　直に焼き詰める。
中心　鑢目筋違、先栗尻、孔一。

本歌は、奈良県天理市・石上《いそのかみ》神宮の御神宝で、国宝に指定されている鉄製の剣である。「七支刀《しちしとう》」の名で知られる。神宮神域から出土したとされる。『日本書紀』神功皇后五十二年の条に、百済王から倭王に「七枝刀《ななつさやのたち》」が献上されたとの記事があり、これに相当すると一般に考えられている。

また、表裏中央の鎬地に六〇文字の金象嵌があり、これによれば、倭王に下賜したものという。「百練銕《てつ》」の銘文も興味深い。刀身は厚い錆に覆われている。

実見せずに軽々な判断は避けなくてはいけないが、下半部の破断は鋳造を物語るものではあるまいか。焼き入れは、おそらくなされていないであろう。象嵌の加工は、表面を脱炭焼き鈍した上でなら容易である。

本作は鍛造して成形し、先端部にのみ焼きを施している。至難の技術である。

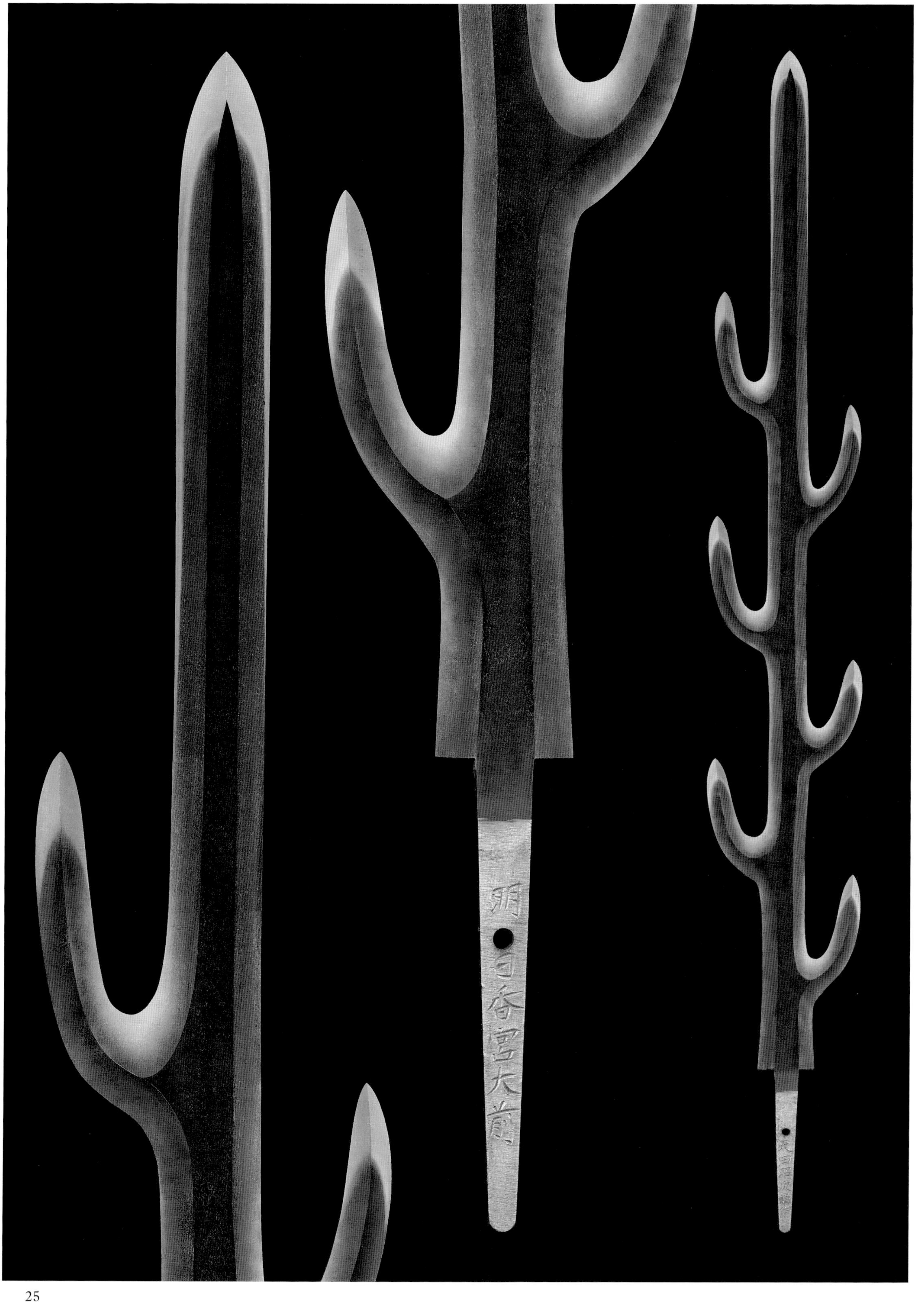
明日香宮大寛

10

一九八六年

剣　銘　天田昭次作
皇紀二千六百二十六年晩秋吉祥日

刃長二三一・二cm　反りなし

形状　両鎬造り。
地鉄　板目肌流れごころに地沸つき、地景入る。
焼刃　匂がちの直刃、小沸つく。
帽子　直に焼き詰める。
彫刻　表裏の鎬に細い棒樋を掻き流す。
中心　鑢目筋違、先尖りごころの栗尻、孔一。

あまり知られていないが、天田さんは剣の製作でも蓄積がある。

剣の技術的な見どころは、端正な形状、精緻な地鉄の鍛え、調和のとれた直刃などである。中心の仕立ても、刀とは趣を異にする。

これは銑を小形の反射炉で精錬し、その後に折り返し鍛錬を施したものである。地鉄の色調や風合いに、その特徴が見て取れる。

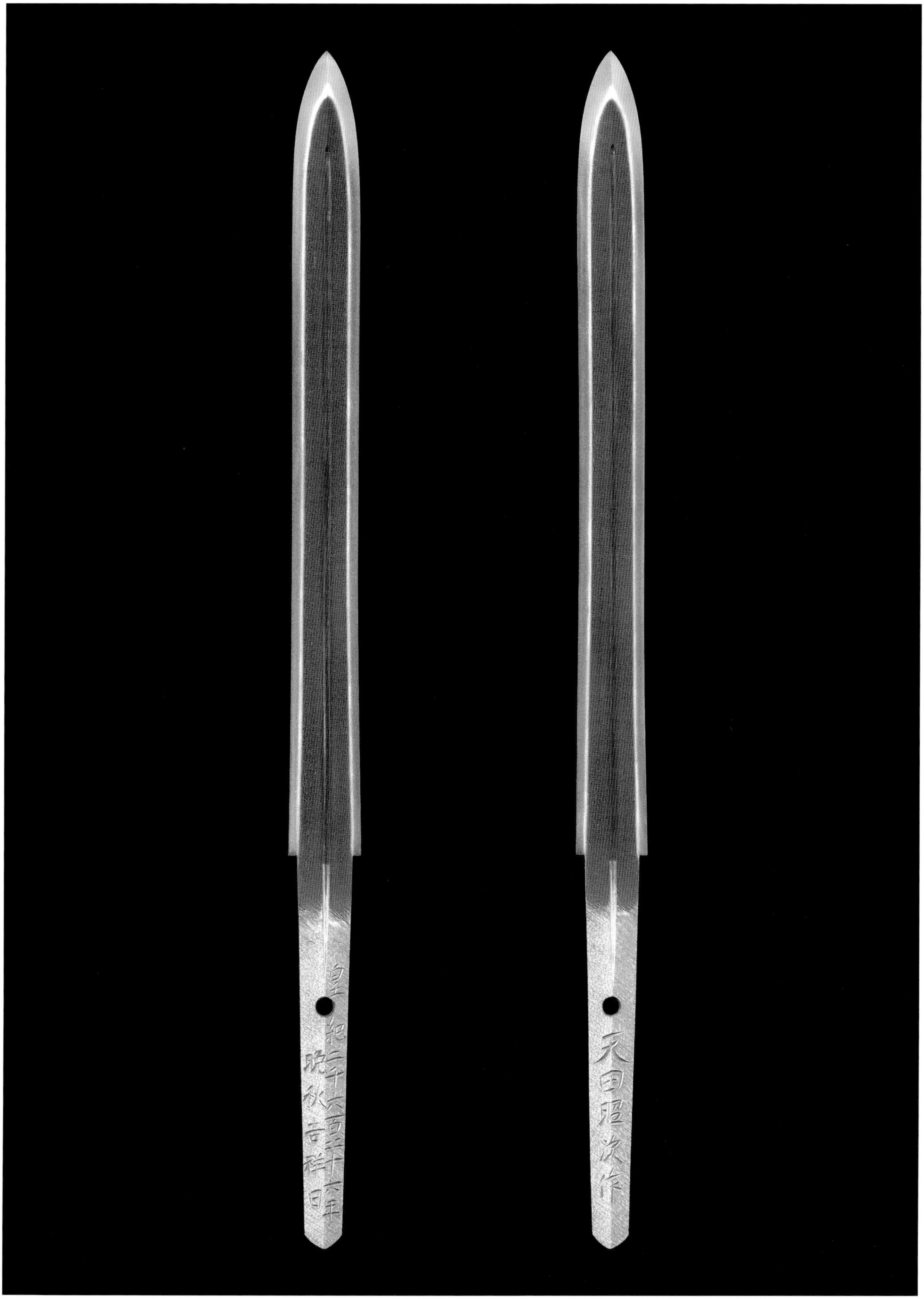

天田昭次作
皇紀二千六百三十六年
晩秋吉祥日

11

一九八六年

脇指　銘　昭次（花押）
昭和六十一年霜月日

刃長三七・六cm　反り〇・五cm

形状　平造り、庵棟。
地鉄　板目肌に杢目《もくめ》交じり、肌立つ。
焼刃　互の目乱れ、沸よくつき、打ちのけかかり、刃中砂流し・金筋交じる。
帽子　やや突き上げて、先小丸に返る。
彫刻　表裏に刀樋《かたなび》を掻き流す。
中心　棟小肉、鑢目筋違、先刃上がり栗尻、孔一。

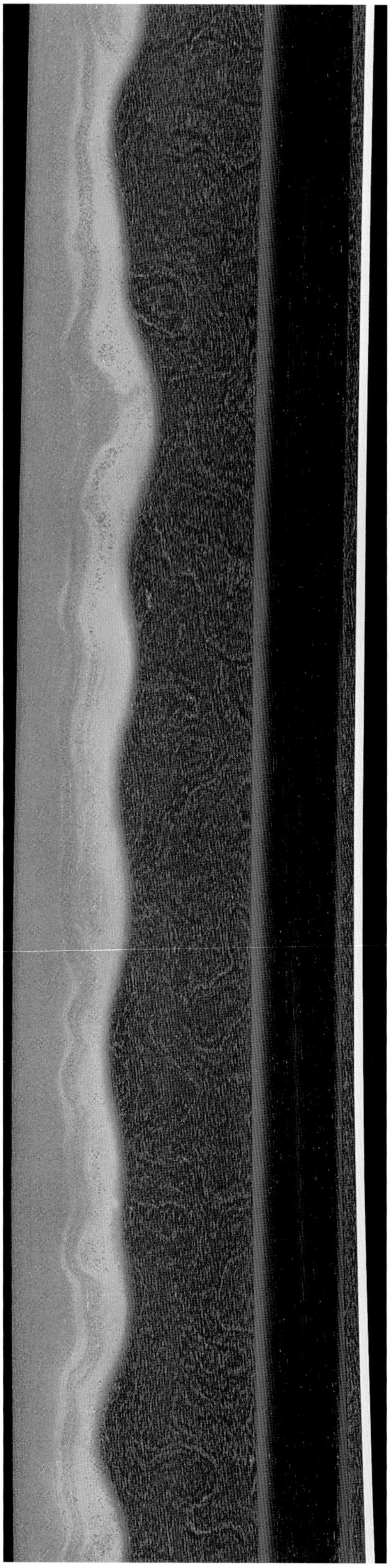

寸の延びた平造りに相州伝を表現した作品である。この形状と作風は、南北朝期に多く見られる。地刃の躍動が、刀にも増して顕著である。やはり銑を下げ、折り返し鍛錬回数を抑えている。

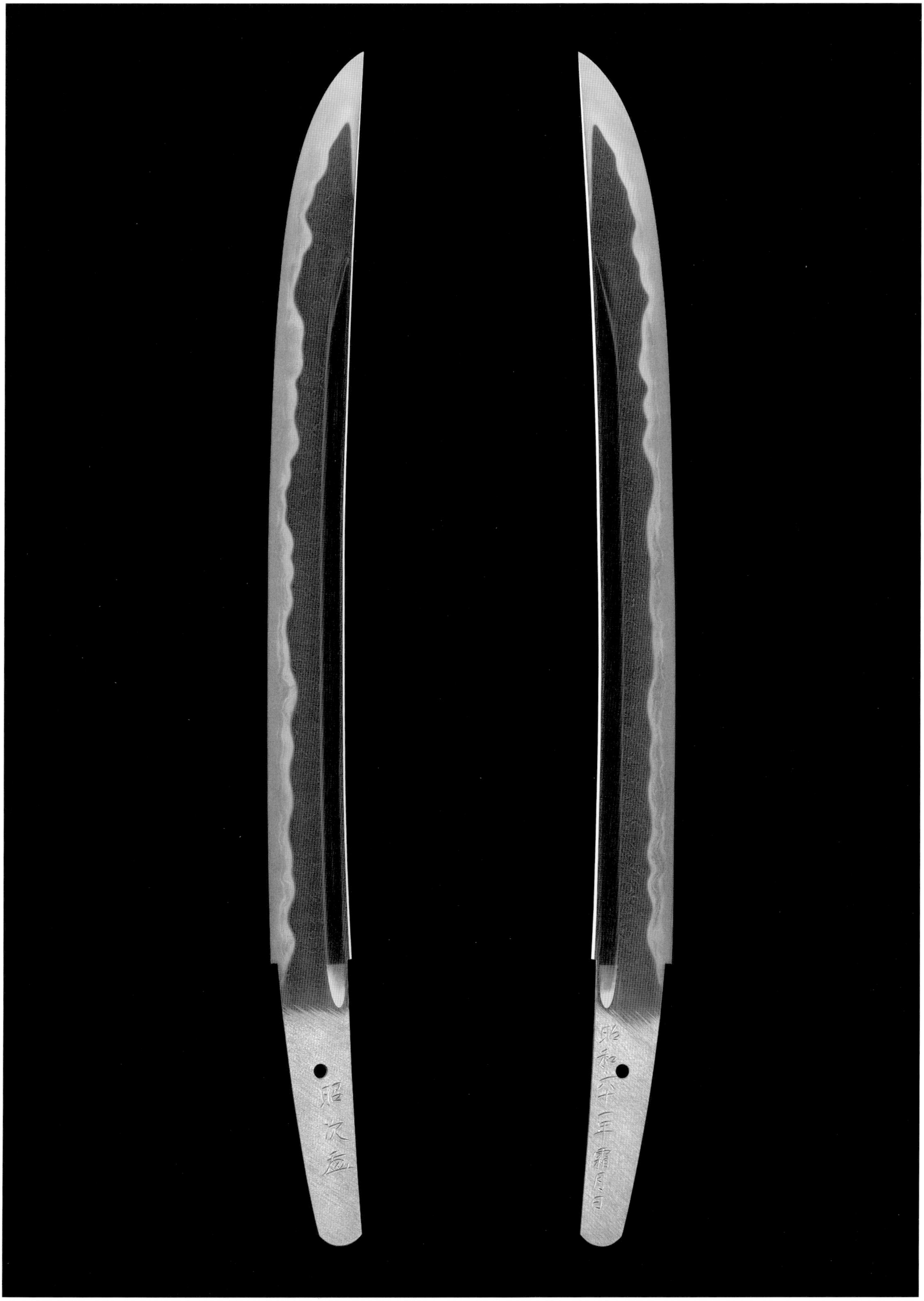
昭次造
昭和六十一年霜月日

12

一九八八年

剣　銘　天田昭次作
皇紀二千六百二十八年皐月吉祥日

刃長五四・六cm　反りなし

形状　両鎬造り。
地鉄　小板目肌よく詰み、地沸つく。
焼刃　小沸出来の直刃、匂口締まりごころに小足入る。
帽子　直に焼き詰める。
彫刻　表裏の鎬に細い棒樋を掻き流す。
中心　鑢目筋違、先尖りごころの栗尻、孔一。

古作にも類例の少ない長剣である。全く破綻のない作品に仕上がっている。

銑を反射炉式精錬法で処理し、素材としているが、和銑であれば何でも良いというわけでは決してない。良質の銑を求めて、全国のさまざまな砂鉄を試し、それに応じて異なる方式の炉も試みてきた。これはと思う鋼や古鉄を銑に吹き直し、さらにこの方法で鋼としても、結果は異なる。

銑はそのまま溶かせば鋳物になり、脱炭加工することで鋼にも錬鉄にもなる。その方法も一様ではない。天田さんは、考え得るあらゆる可能性に挑んできたのである。

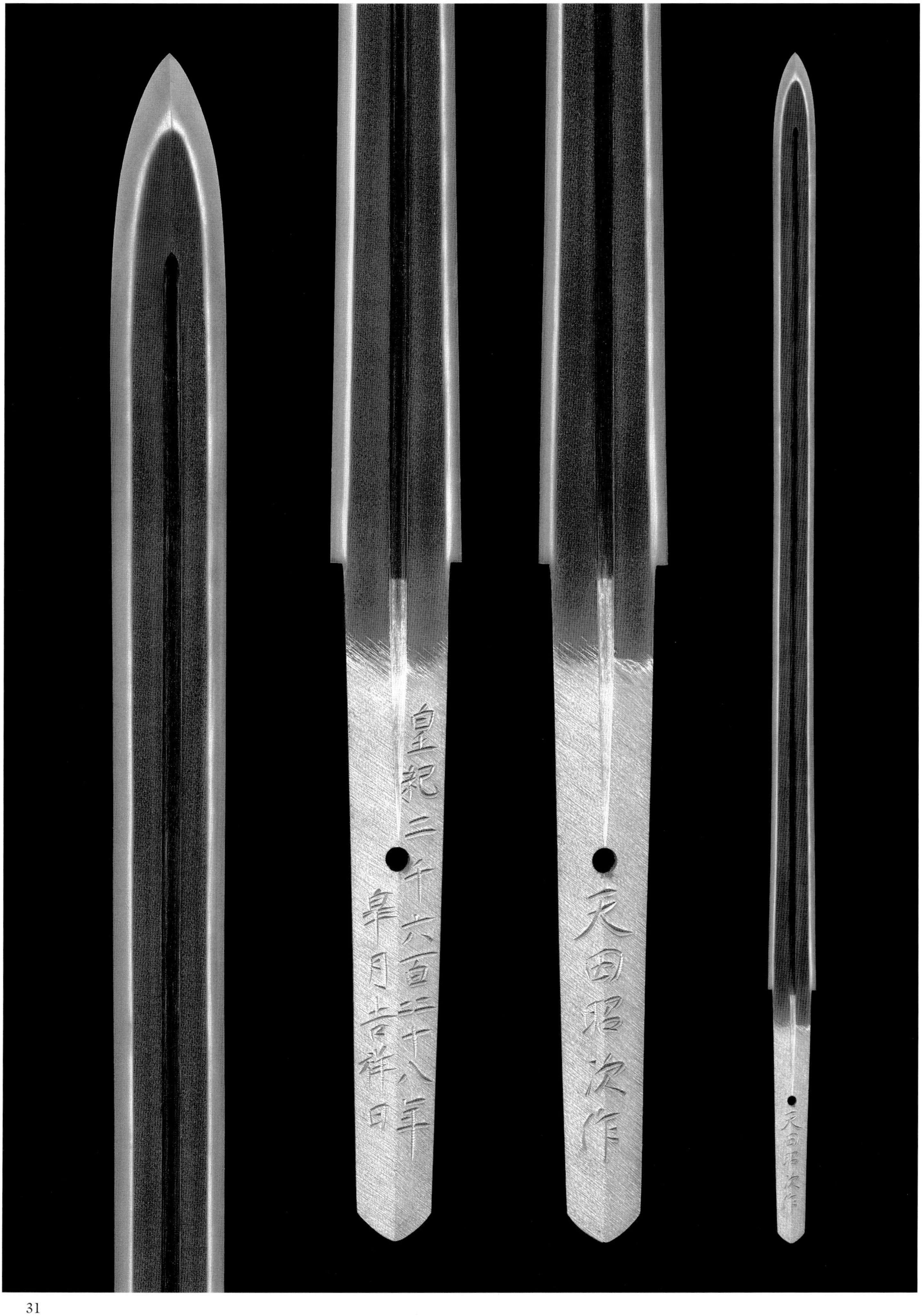
皇紀三千六百三十八年
皐月吉祥日
天田昭次作
天田昭次作

13

一九八九年

刀　銘　天田昭次作之
平成元年八月吉日

刃長七三・八cm　反り一・七cm

形状　鎬造り、庵棟、中切先延びごころ。

地鉄　板目肌に大肌交じり、総体に肌立ちごころ、地沸つき、太い地景入り、湯走り点々と入る。

焼刃　沸の深い互の目乱れ、刃中砂流し・金筋よく入る。

帽子　乱れ込み、先掃きかけて尖りごころに返る。地に湯走り入る。

彫刻　表裏に棒樋を掻き通す。

中心　棟小肉、鑢目筋違、先栗尻、孔一。

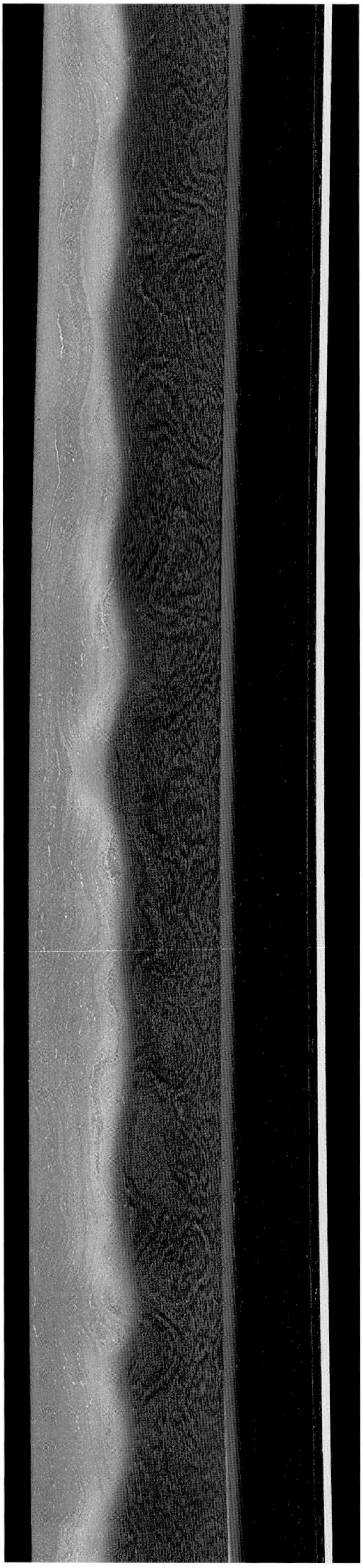

前出の相州伝の、一つの到達点を示す出来である。刃縁から地に向かって沸が煙り込み、また、沸がこごって湯走りとなる個所が印象的である。

左下法によって銑を処理し、これをもって相州伝を表す行き方は、このころでほぼ終止する。銑の処理法も相州伝の追究も、以後、別の領域に入っていく。

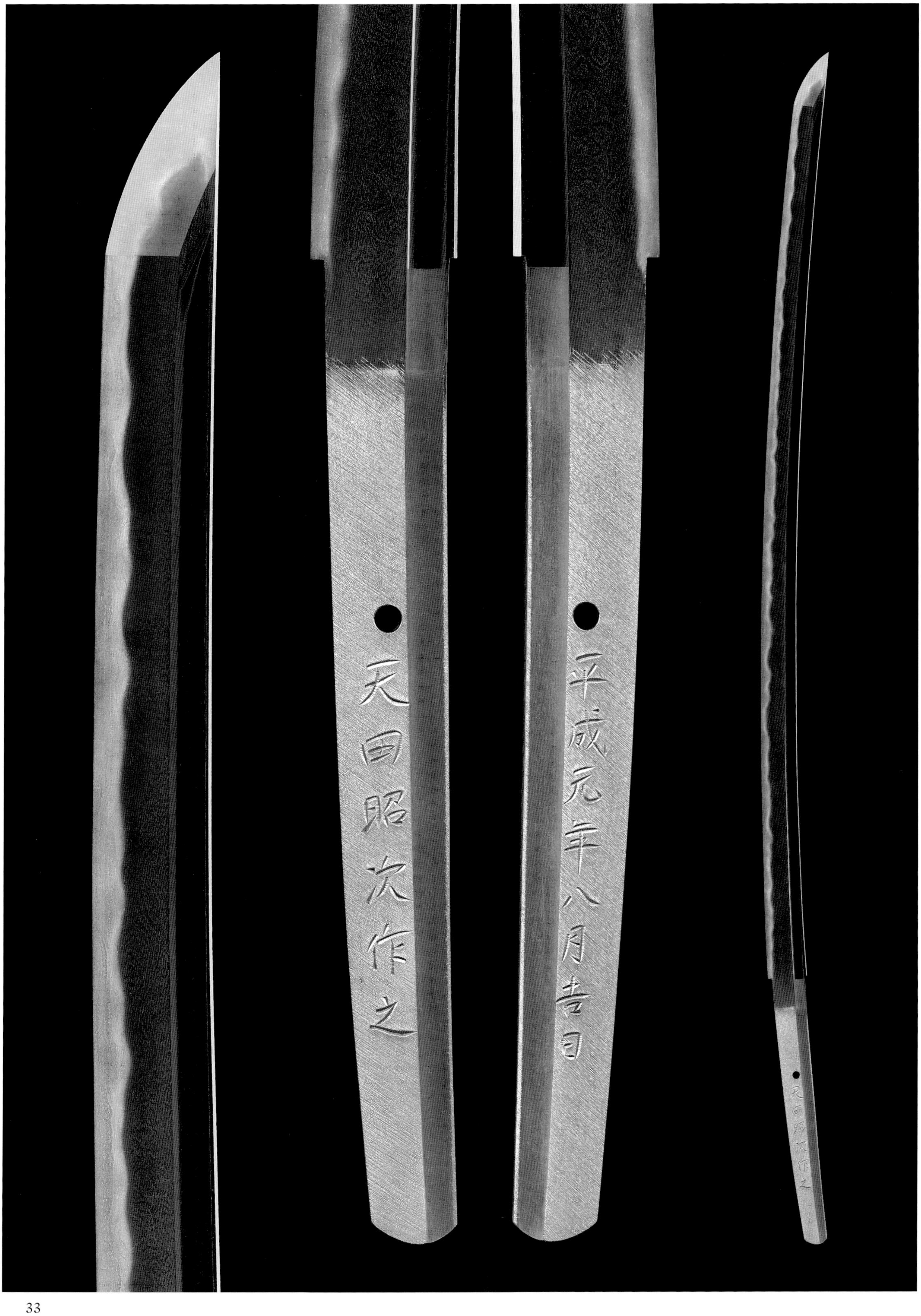
天田昭次作之
平成元年八月吉日

14

一九九二年

太刀　銘　天田昭次作之
平成二二年皐月吉日　彫仙壽

刃長七三・二cm　反り二・五cm

形状　鎬造り、庵棟、中切先猪首風となる。
地鉄　小板目肌よく詰む。
焼刃　華やかな丁子《ちょうじ》乱れ、匂本位に小沸つき、足よく入り、葉・飛び焼きかかる。
帽子　乱れ込んで、先小丸に浅く返る。
彫刻　表裏に角止め棒樋を彫り、樋内に表真の倶利迦羅《くりから》、裏梵字《ぼんじ》・宝珠《ほうじゅ》・蓮台《れんだい》を浮き彫りとする。
中心　棟小丸、鑢目筋違、先刃上がり栗尻、孔一

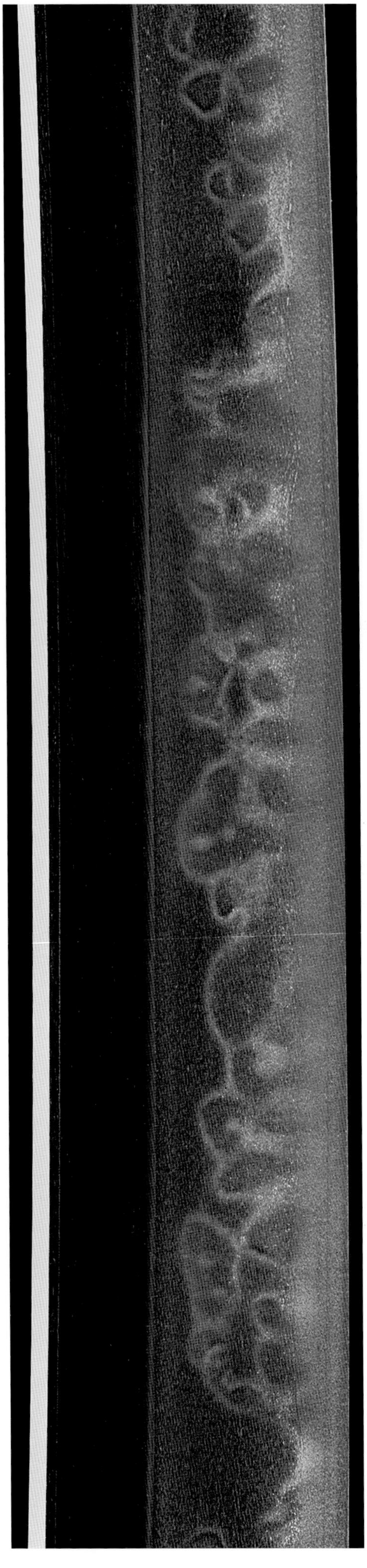

大丁子あり、蛙子《かわずこ》丁子あり、それらが重花となって飛び焼きを交え、華やかな焼刃を構成する太刀である。
前出の備前伝の初期作から一八年が経過している。当然、作風の変化や工夫があった。意図した刃文を得るための試行錯誤もあった。中でも焼刃土は、無視できない大きな要素であった。
丁子刃は日本刀に現れた刃文のうち、最も複雑で、表現上の技巧性が高い。土置きから刃文を、また刃文から土置きを類推するのは、常人にはまず不可能であろう。丁子足で刃文を表現するのはたやすいが、やはり形で構成する丁子を見せたい。狙いは、刃縁を硬く締めず、フックラとした丁子である。すると、得てして互の目丁子になりやすい。
制約条件にとらわれず、刃文の面白さを目指して試みたのが、この作である。地鉄は、反射炉式精錬法によった。どんな刃文も不可能ではない、との確信を持った。転機となった一刀である。

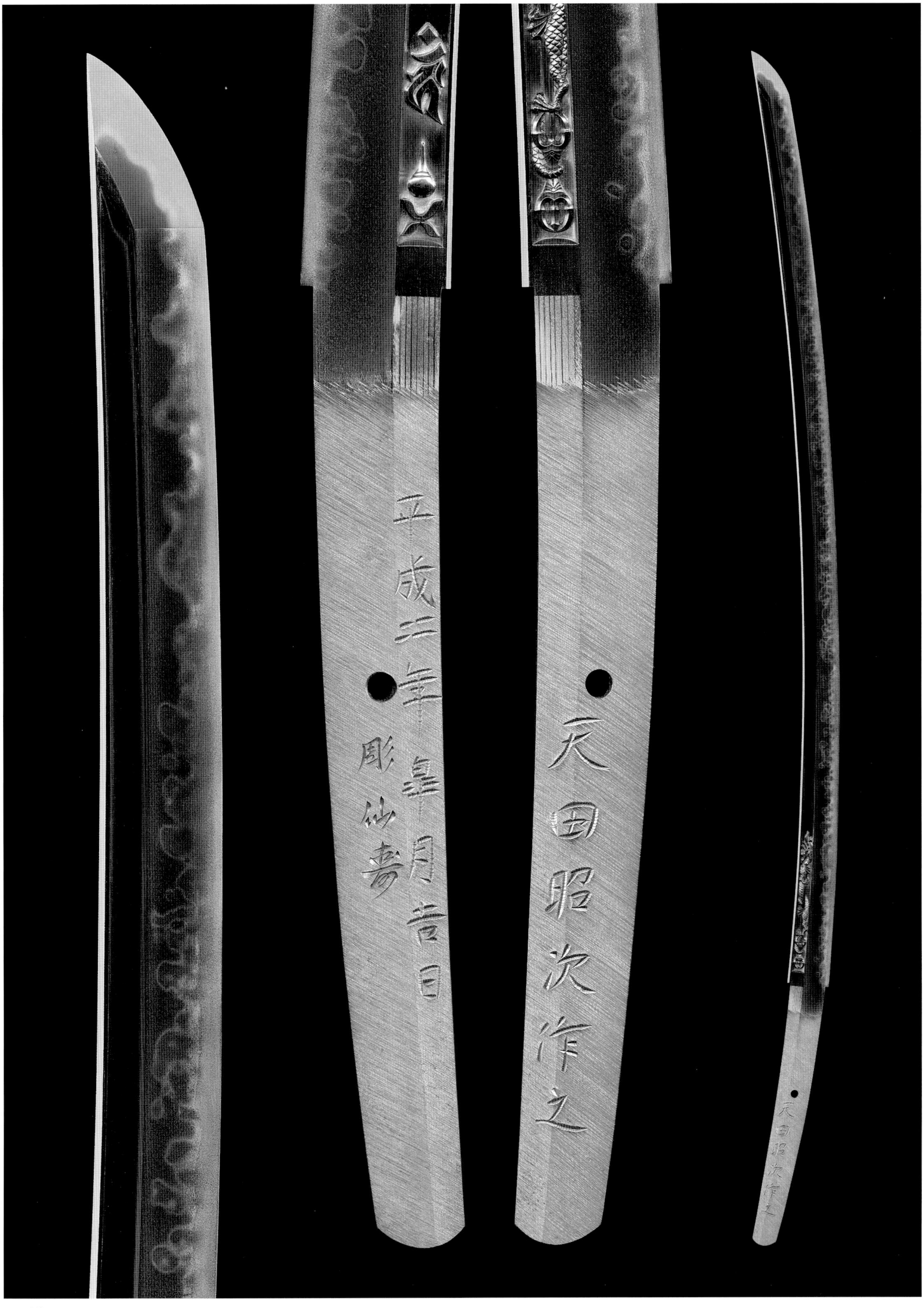
平成二年皐月吉日
彫仙壽
天国昭次作之
天国昭次作之

15

一九九三年

脇指　銘　豊月山昭次作
　　　　　平成五年仲春日

刃長三七・八㎝　反り〇・三㎝

形状　平造り、庵棟。
地鉄　板目肌やや肌立ち、地沸つき、地景よく入る。
焼刃　丁子乱れ、小沸よくつき、足長く入り、刃中金筋、細かい砂流しかかる。
帽子　乱れ込み、先小丸尖りごころに、やや長く返る。
中心　棟小肉、鑢目筋違、先刃上がり栗尻、孔一。

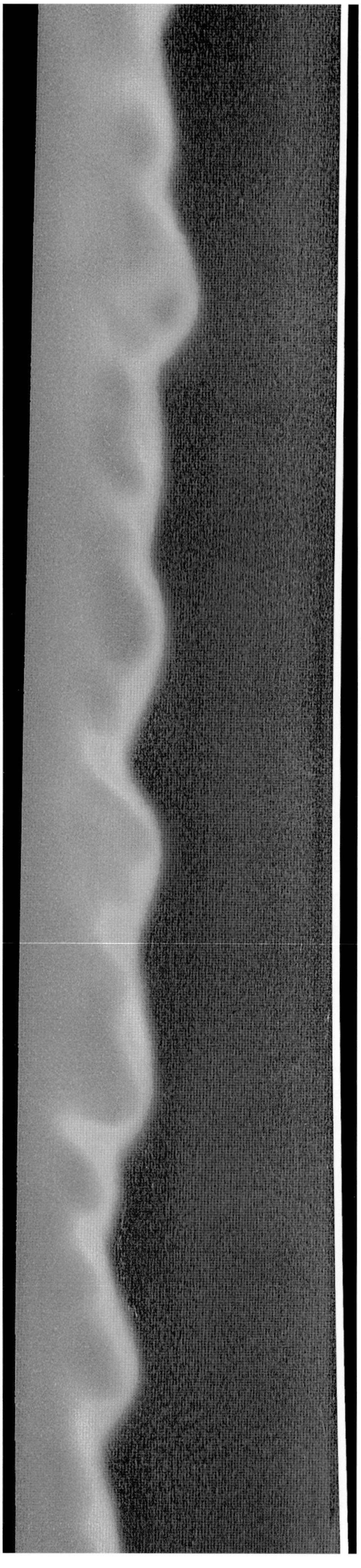

備前伝の平造り脇指である。一部に逆がかった丁子を交え、刃縁はフックラとして柔らかい。地には暗帯を挟んで、棟寄りにヴェールのような変化が見られる。これが強調されると、映りである。古作のように明瞭な映りを表現する技術は、現代刀の備前伝にとって今、最大の課題となっている。地鉄は、銑を反射炉式精錬にかけて鋼としたものである。折り返し鍛錬をして打ち延ばしているにもかかわらず、柾目はほとんど目立たない。不思議である。しかも、この鋼は焼刃のいかんを問わない。地沸がついて、地景も現れる。感度が優れていることを示している。「豊月山」は鍛錬所の名称である。

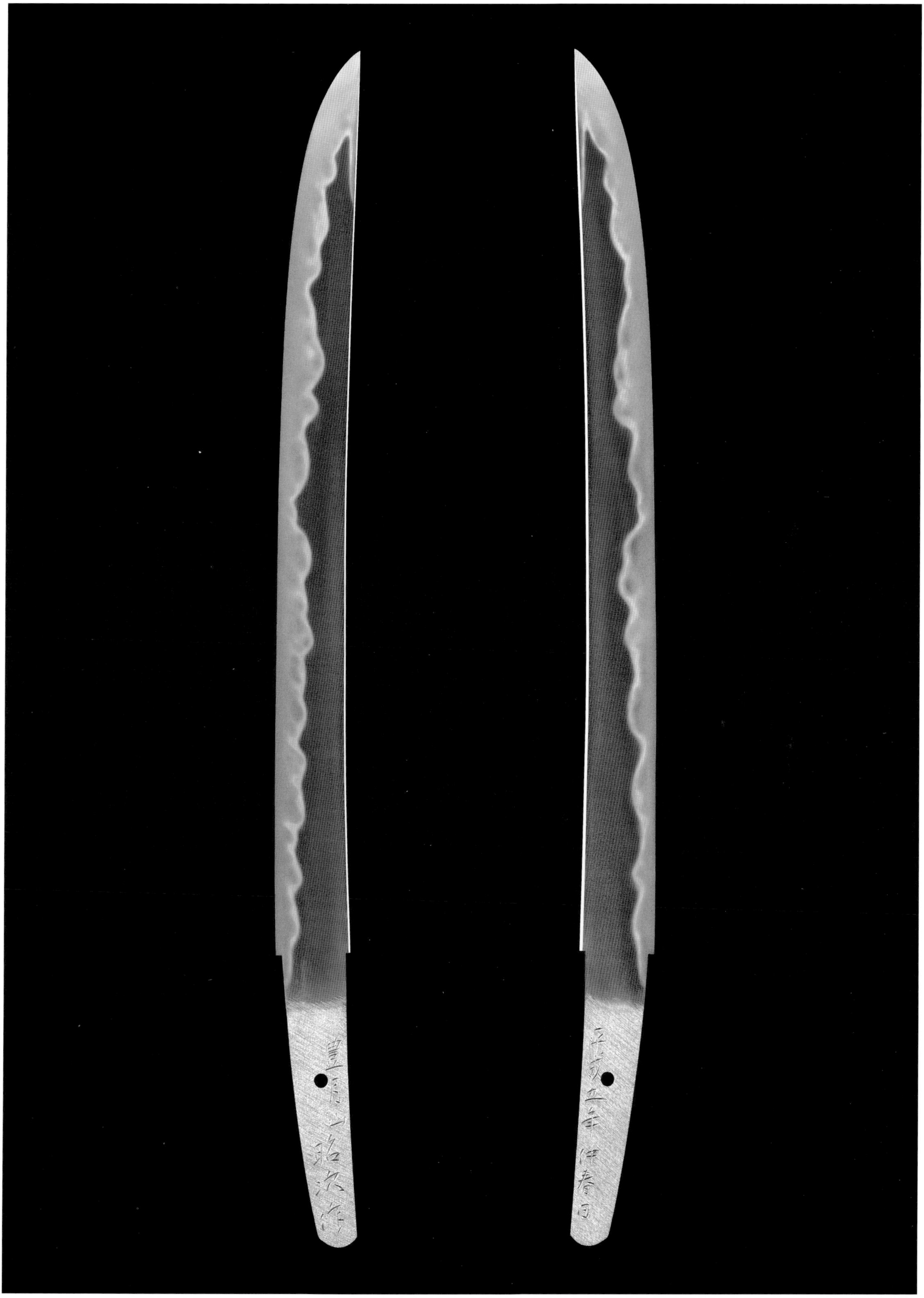
平成五年仲春日

16

一九九五年

直刀　銘　天田昭次作之　平成七年正月吉日

刃長六二・二cm　反りなし

形状　切刃造り、丸棟、鮖切先。

地鉄　小板目肌よく詰み、地沸つき、細かい地景入る。

焼刃　匂出来の直刃、匂口締まり、小沸つき、刃中小足入る。

帽子　直に焼き詰める。

彫刻　表裏に二筋樋を掻き流し、その上に雲形・七星文・竜頭を金象嵌で表す。

中心　棟角、鑢目筋違、先栗尻、孔一。

この直刀は、大阪・四天王寺に伝来する「七星剣《しちせいけん》」を写している。剣名の由来は金象嵌の文様にある。同寺にはもう一口「丙子《へいし》椒林《しょうりん》剣」と呼ぶ著名な直刀があり、いずれも聖徳太子の佩用と伝えている。舶載品と見られ、上古刀中、最も優れた作である。

既に見たように、直刀は作者の自家薬籠中の作域である。地鉄は揺るぎなく、直刃にも全く破綻がなく、完璧である。金象嵌は専門工の手になる。

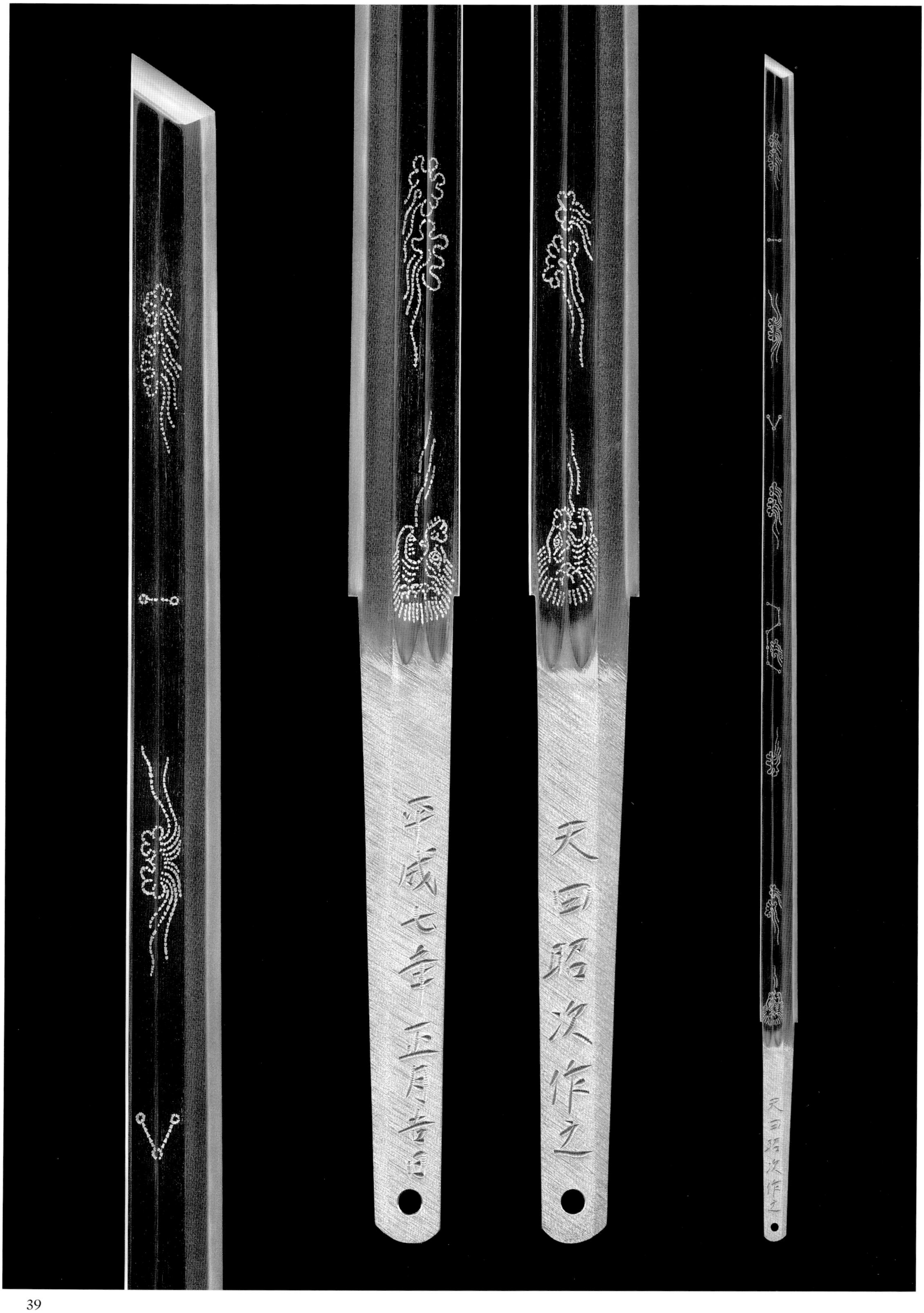
平成七年正月吉日
天田昭次作之
天田昭次作之

17

一九九六年

短刀　銘　昭次作
　平成八年二月吉日

刃長二六・六cm　反りなし

形状　平造り、庵棟。
地鉄　小板目肌よく詰み、地沸厚くつき、地景よく入り、梨子地《なしじ》風となる。
焼刃　小沸出来の直刃、わずかに小足入る。
帽子　直に小丸に返る。
彫刻　表裏に腰樋《こしび》を掻き流す。
中心　棟小肉、鑢目筋違、先刃上がり栗尻、孔一。

短刀は初出であるが、製作数が少ないというわけではない。作品としては世に送らないが、新しい試みを短刀という器に盛ってみることも多い。

短刀は、小さいだけに難しいと言う刀鍛冶は多い。手に取ると、一目で見えてしまうために、刀に比べ欠点が目立ちやすいのである。短刀は、見た目に心地良い調和が何より大切である。

本作は、品の良い姿、精緻で美しい地鉄、端正な直刃と、あるべき短刀の条件を備えている。殊に地鉄は、厚く霜が降りたかのような表層を通して奥の変化がのぞけ、好ましい。

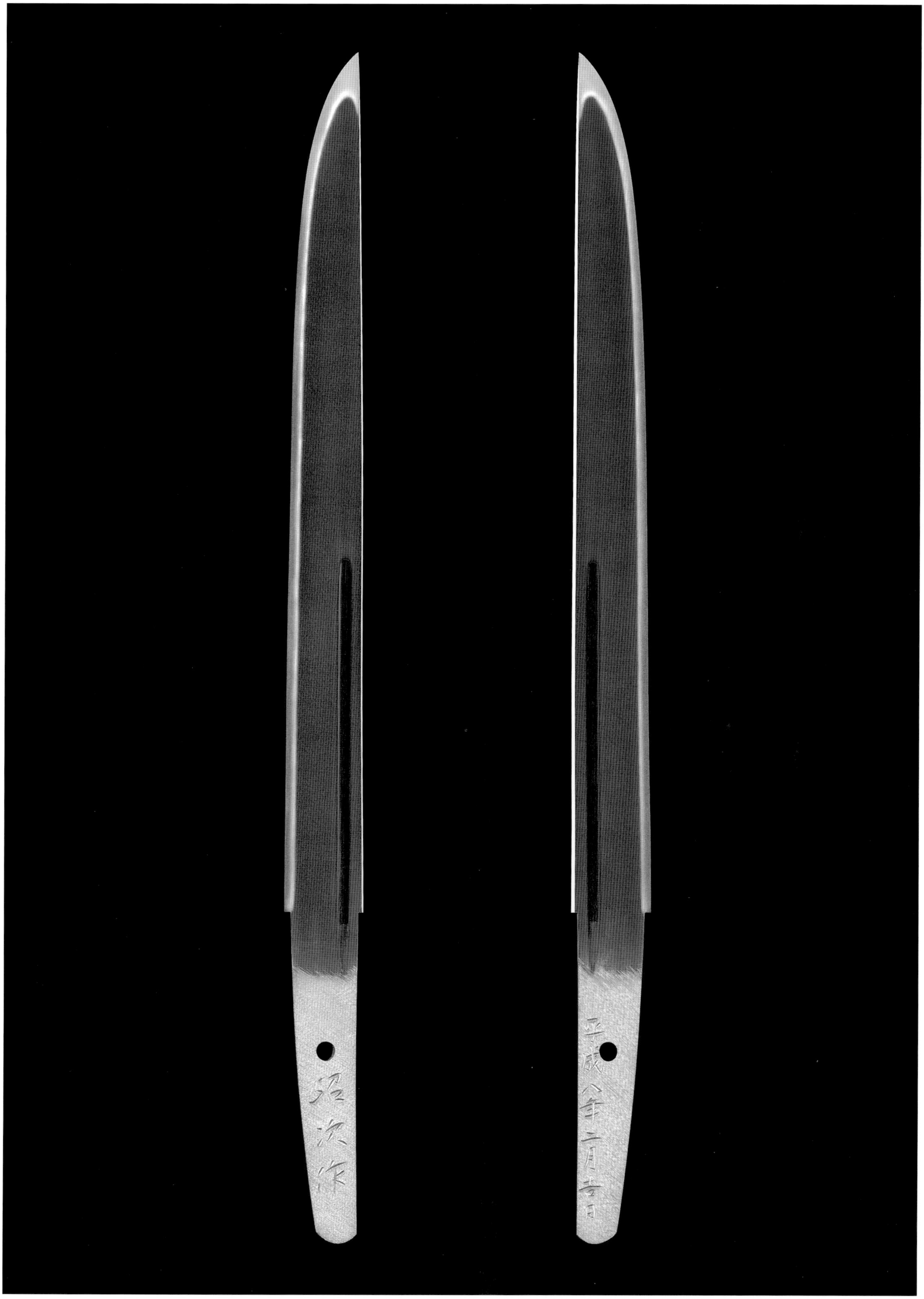
昭次作
平成八年二月吉日

18

一九九六年

短刀　銘　昭次作
平成八年二月吉日

刃長二七・四cm　反りなし

形状　平造り、庵棟。
地鉄　小板目肌、地沸つく。
焼刃　小沸出来の互の目乱れ。
帽子　小丸。
中心　棟小肉、鑢目筋違、先刃上がり栗尻、孔一。

この短刀は前掲と全く同じ年紀を切るが、製作法が異なり、従って作風もご覧の通りである。

前者が銑を吹き、これを反射炉式精錬によって鋼とする、いわゆる間接製鋼であるのに対して、これは小型タタラで鉧《けら》すなわち鋼を得る直接製鋼を採っている。

得られた鉧の炭素量がいかほどで、冴える鉄《かね》になるかどうかなどは、火花を見ただけで経験と勘から判断できる。自家製鉄で求めるのは、鉄質が敏感でありながら、できるだけ低炭素にという矛盾した要素である。あとの鍛錬は、折り返し回数が問題ではなく、スラグを抜くことに主眼が置かれる。

本作は、地鉄に自然な動きがあり、地刃に沸がよくつき、高低のある焼刃も冴えている。

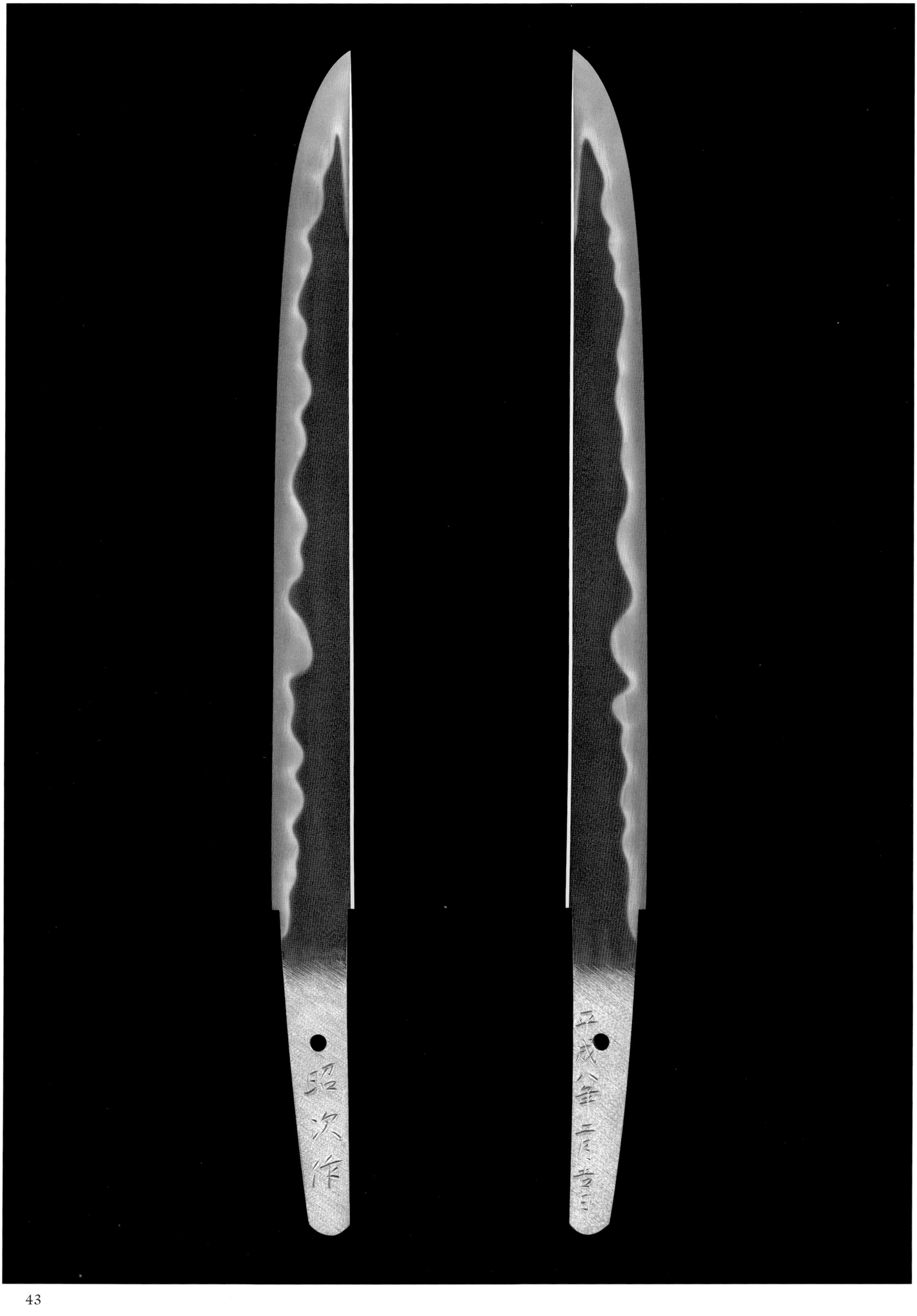
昭次作
平成八年二月吉日

19

一九九六年

太刀　銘　天田昭次作之
平成八年皐月吉日
(棟) 第十二回正宗賞受賞作

刃長七六・二cm　反り二・六cm

形状　鎬造り、庵棟、中切先鮖風となる。
地鉄　小板目よく詰む。
焼刃　大丁子乱れ、匂深く、足よく入る。
帽子　乱れ込んで、先尖りごころに返る。
彫刻　表裏に棒樋を掻き流す。
中心　棟小肉、鑢目筋違、先栗尻、孔一。

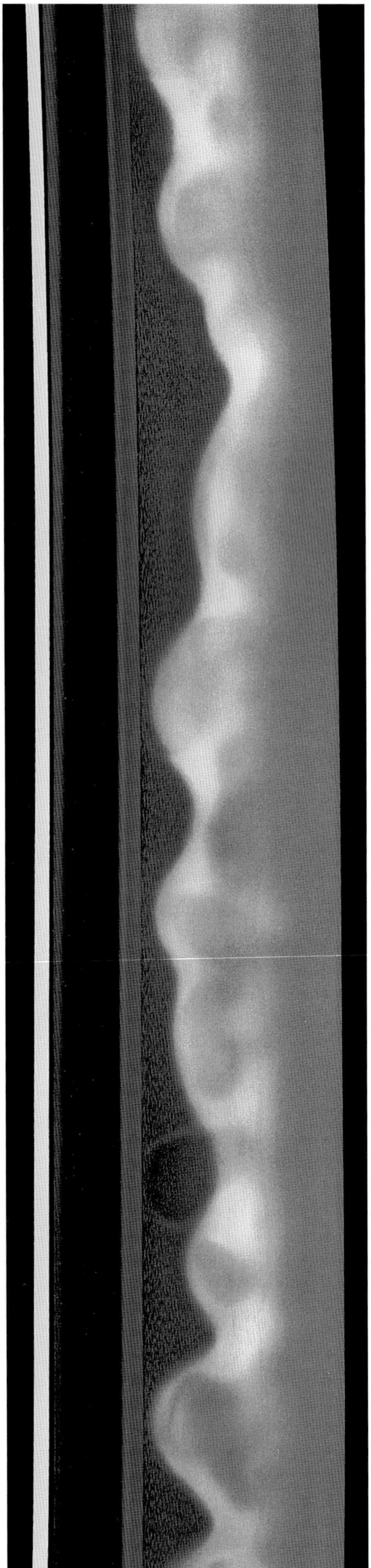

三回目の正宗賞は、備前伝作品での受賞となった。鎌倉期の豪壮な太刀姿に高い刃を焼き、華やかそのものである。焼刃は大小の丁子で重層的に、かつリズミカルに構成される。刃縁は匂深く、狙いとしたフックラ感も醸成された。「天田丁子」がほぼ完成したということであろう。

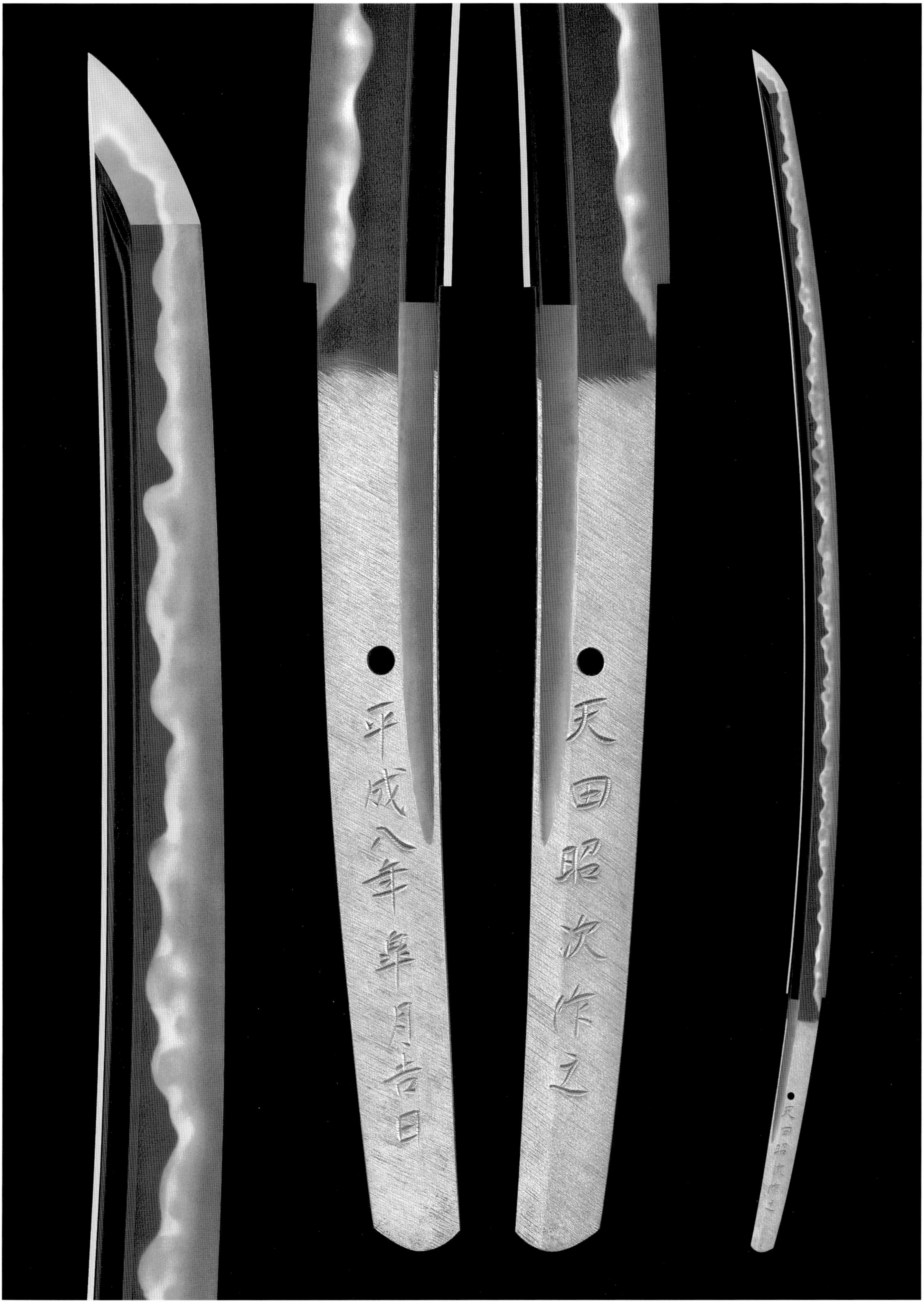
平成八年皐月吉日
天田昭次作之

20

一九九六年

太刀　銘　天田昭次作之
平成八年八月八日

刃長七五・六cm　反り二・六cm

形状　鎬造り、庵棟、中切先やや詰まり猪首風となる。
地鉄　小板目肌よく詰み、地沸厚くつき、細かい地景入り、梨子地風となる。
焼刃　小沸出来の直刃、小足入り、匂口締まり、明るく冴える。
帽子　直に小丸に浅く返る。
彫刻　表裏に棒樋を掻き流す。
中心　棟小肉、鑢目筋違、先栗尻、孔一。

直刃の太刀として、現代刀中でも最高傑作に挙げることができる一振である。
地鉄は全く流れず、地沸厚く、地景を散りばめ、梨子地状をなしている。間接製鋼によっているが、素材として得心のいく銑を用いたという。この工法が完成の域に到達したことをも示している。
なお本作の研磨は、財団法人日本美術刀剣保存協会のコンクールで特賞を受賞した。

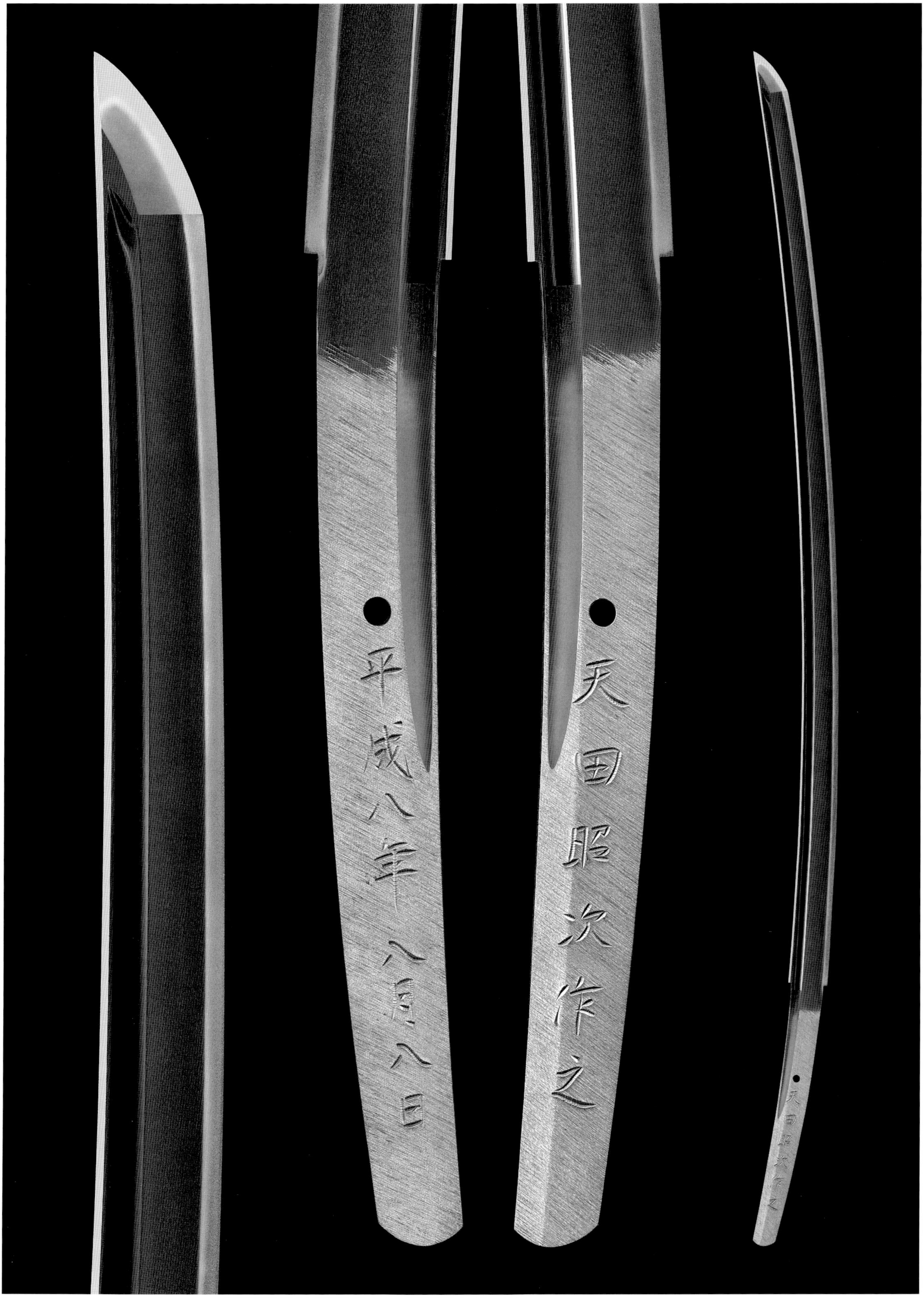
平成八年八月八日
天田昭次作之
天田昭次作之

21

二〇〇〇年

太刀　銘　天田昭次作之
平成十二年弥生吉日

刃長七四・〇cm　反り二・〇cm

形状　鎬造り、庵棟、中切先。

地鉄　小板目肌よく詰み、地沸よくつき、細かい地景入る。

焼刃　焼き幅狭い直刃、匂口締まりごころに小沸つき、小足よく入る。

帽子　直に大丸気味に浅く返る。

彫刻　表裏に棒樋を掻き流す。

中心　棟小肉、鑢目筋違、先刃上がり栗尻、孔一。

前掲作の四年後の作品である。素材・手法ともほとんど同じく踏襲した。本作の地鉄は小板目肌がより細かく、直刃の焼き幅をわずかに抑えてはいるが、同趣である。鑑定会に出品されれば、紛れることなく入札されるべき作風である。

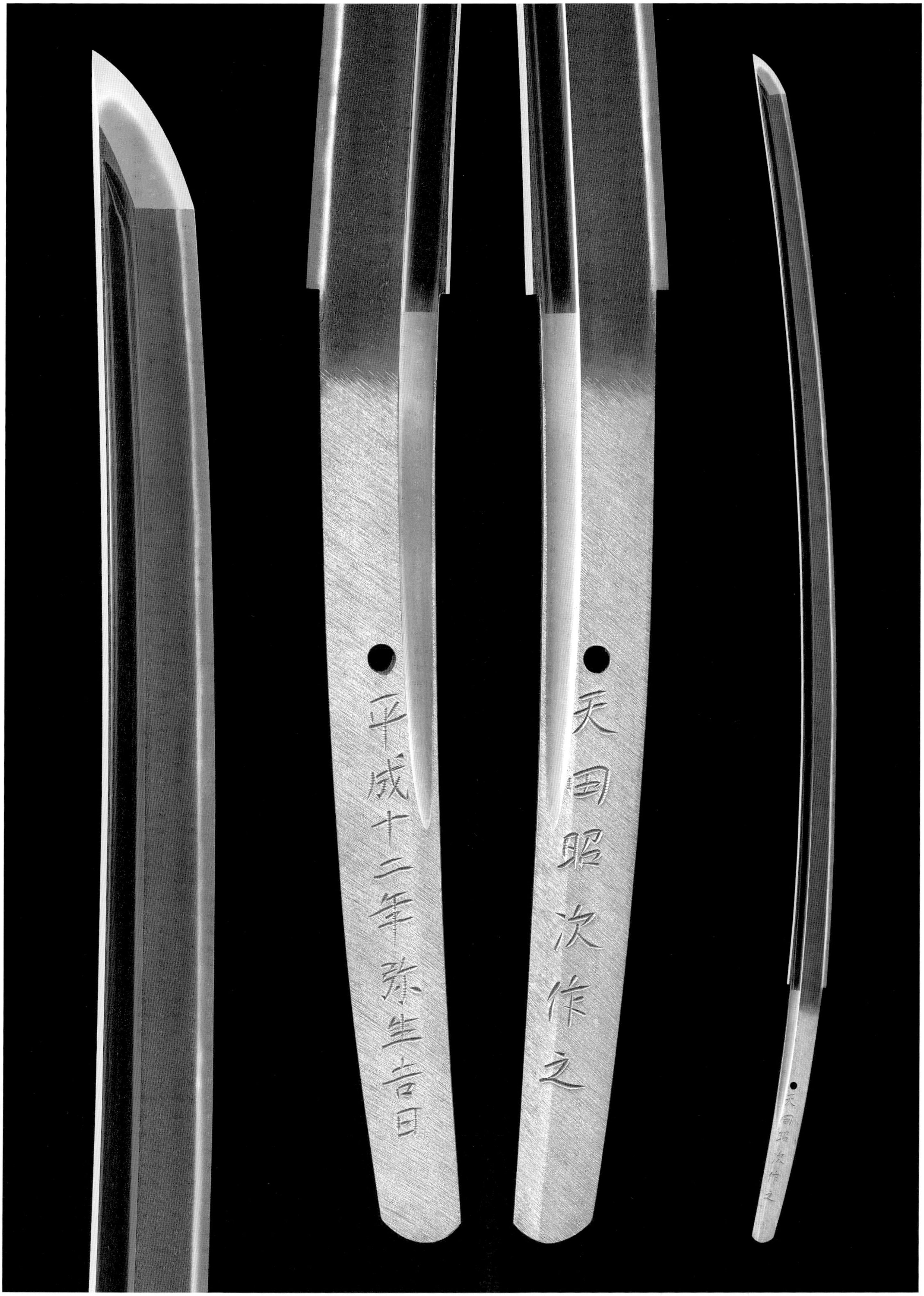
平成十二年弥生吉日
天国昭次作之

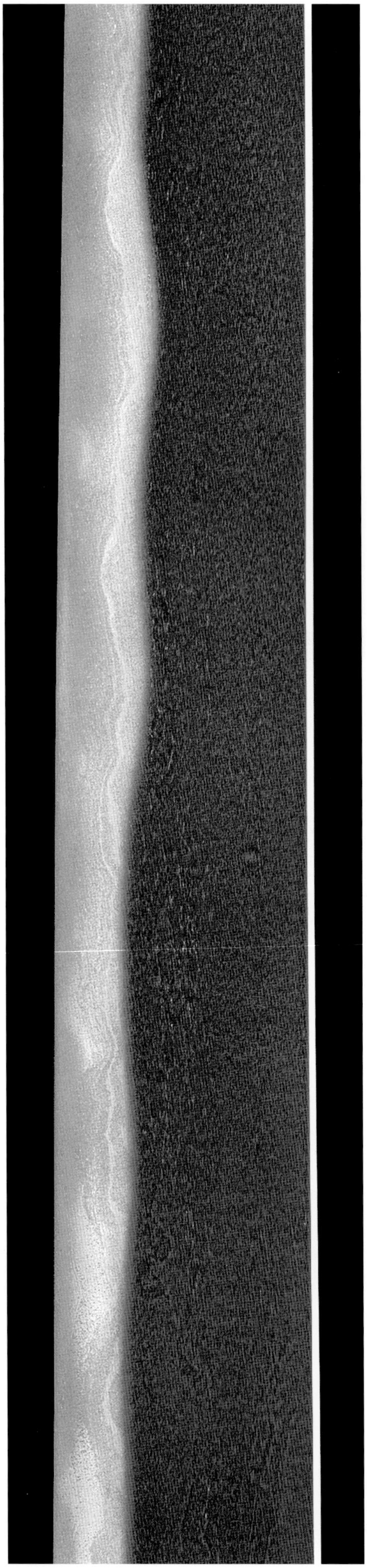

22

二〇〇一年

短刀　銘　昭次作
平成十三年弥生日

刃長二六・一cm　反り〇・一cm

形状　平造り、庵棟。

地鉄　小板目肌よく詰み、やや流れ肌交じり、地沸厚くつき、湯走り現れ、細かい地景よく入る。

焼刃　沸深い湾れに太い足入り、刃中砂流し、太い金筋かかる。

帽子　湾れ込み、やや沸崩れ風に丸く返る。

中心　棟小肉、鑢目筋違、先刃上がり栗尻、孔一。

これほど幅広い作域に手を染めてきた刀鍛冶は、古今まれであったのではなかろうか。

これまで用いてきた相州伝や備前伝などの伝法を表す言葉は、鑑定のために便宜的に生まれてきたもので、文字通りの「作り方」を表すわけではない。つまり、作風の大まかな分類を目的としている。

その作風も多様であるが、そこに迫る道筋がまた多岐にわたる。素材は古鉄に始まり、自家製鉄の鉧・銑、そして処理は卸し・左下《さげ》・反射炉式精錬……その意味で、作域は比類なく広い。

この短刀は、比較的チタンを多く含む種子島の砂鉄を吹き、鋼として用いた。地刃の変化は、原料と製鉄のいかんによるところが大きい。相州伝の本流、すなわち相州上工の再現を目指して、さまざまな試みが続けられてきたのである。

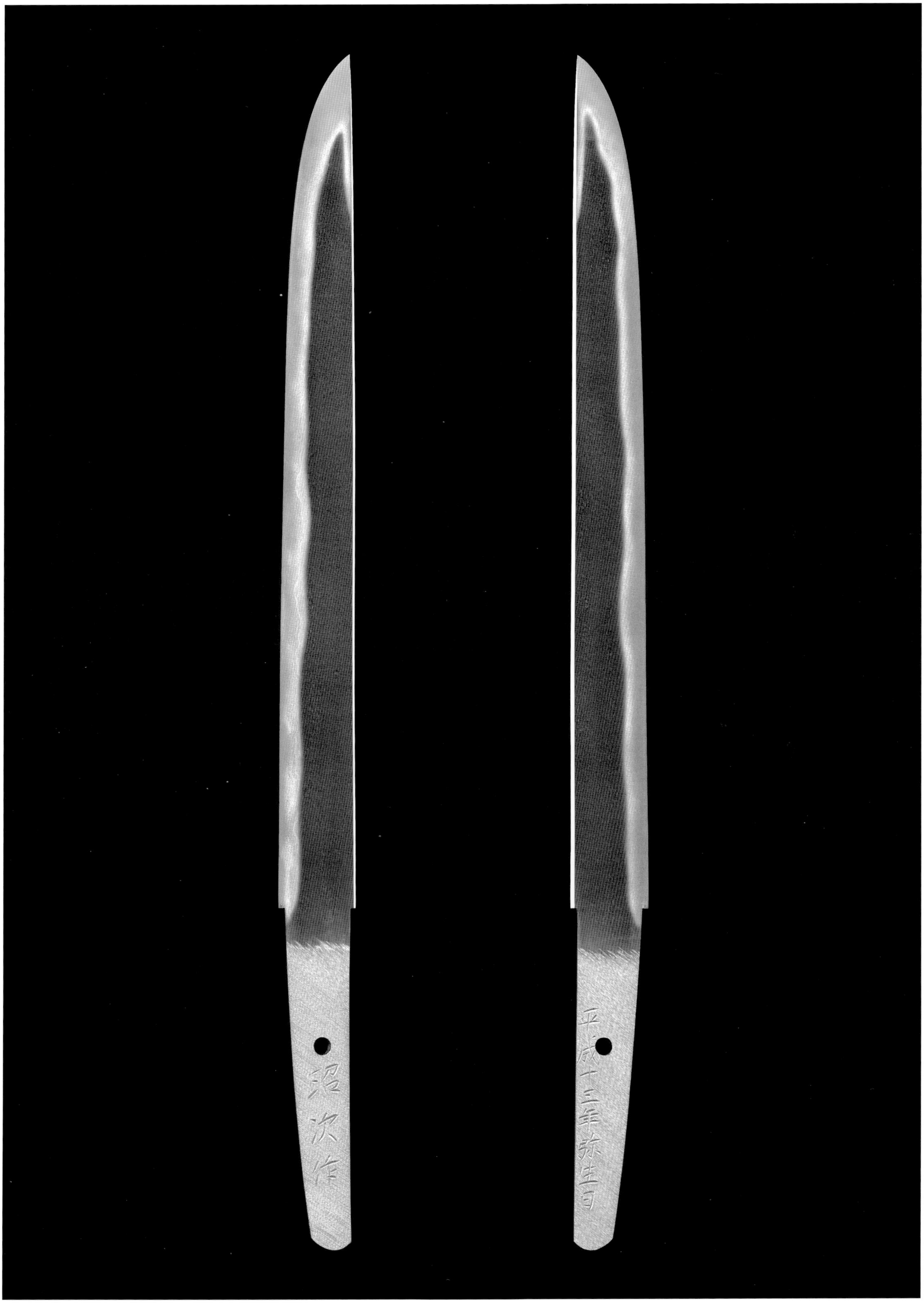
昭次作
平成十三年弥生日

23

二〇〇一年

太刀　銘　天田昭次作之
平成十三年八月吉日　彫仙壽

刃長七八・〇cm　反り二・五cm

形状　鎬造り、庵棟、中切先。
地鉄　小板目肌よく詰む。
焼刃　匂本位の丁子乱れ、小沸つき、特に谷によくつく。飛び焼きかかり、足・砂流しよく入る。
帽子　表乱れ込み、焼き詰める。裏直刃乱れごころに一文字風に返る。
彫刻　表裏棒樋角止め。樋内に表真の倶利迦羅、裏梵字・宝珠・蓮台を浮き彫りとする。
中心　棟小肉、鑢目筋違、先刃上がり栗尻、孔一。

変化に富む丁子乱れを焼き、きわめて高い水準に仕上がった。地鉄は均質な小板目肌を示し、精美である。この地鉄は丁子に限らず、直刃にも互の目にも対応する。間接製鋼である銑の反射炉式精錬法は、画期的発明であった。

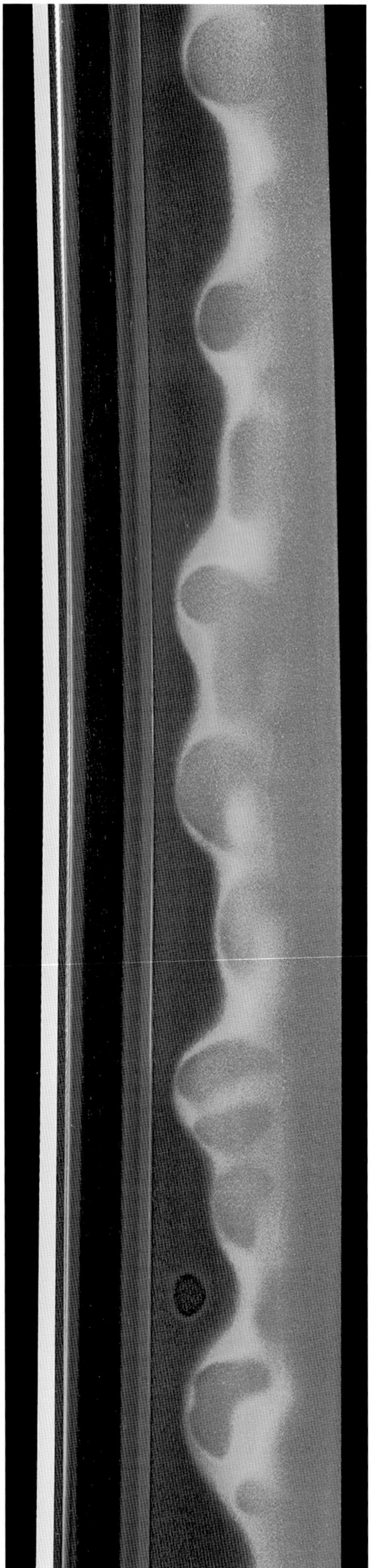

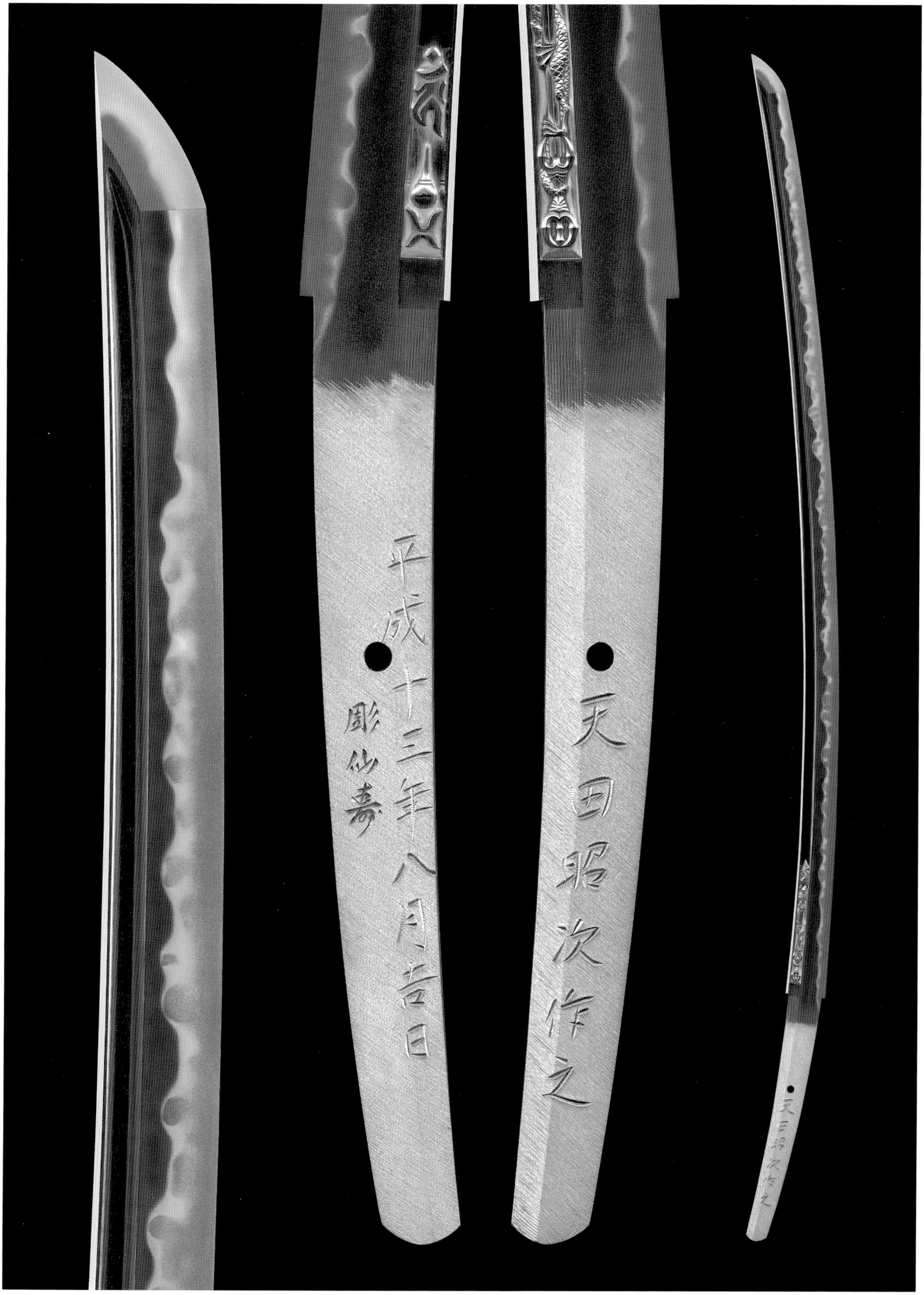
平成十三年八月吉日
彫仙寿
天田昭次作之
天田昭次作之

24

二〇〇二年

短刀　銘　昭次作
平成十二年二月吉日

刃長二六・五cm　反りなし

形状　平造り、庵棟。
地鉄　小板目肌よく詰み、地沸厚くつき、細かい地景よく入り、湯走りかかる。
焼刃　互の目に湾れ交じり、沸深く、刃中太い足、太い金筋入る。
帽子　湾れ込み、先尖りごころに丸く返る。
中心　棟小肉、鑢目筋違、先刃上がり栗尻、孔一。

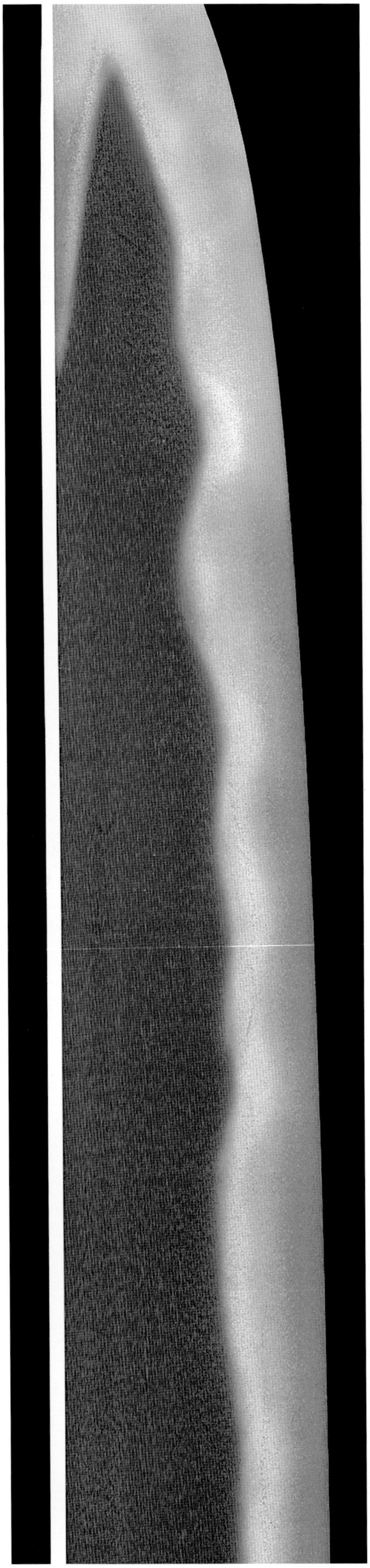

種子島の砂鉄を直接製鋼し、鍛えた短刀である。地刃の沸が深く、刃中に金筋などの働きが見える。地鉄が柾に流れないのは、巧みな鍛えがなせる業である。

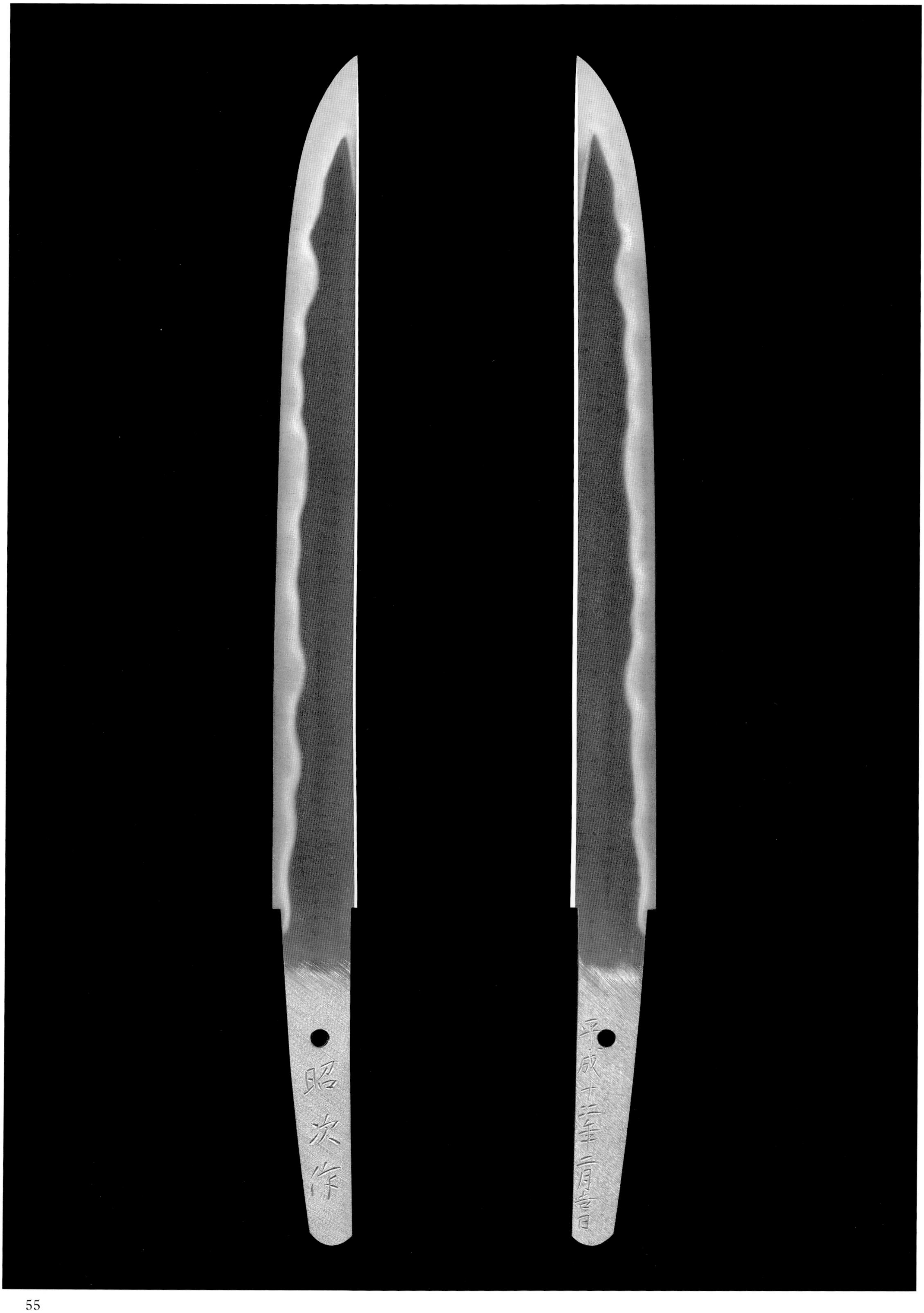
昭次作
平成十三年二月吉日

25

二〇〇二年

短刀　銘　昭次作
　　　　　平成十二年八月吉日

刃長二六・五cm　反りなし

形状　平造り、庵棟。

地鉄　小板目肌よく詰み、わずかに流れ肌交じり、地沸厚くつき、地景よく入り、湯走りかかる。

焼刃　小湾《このた》れに互の目交じり、沸深く、砂流し、太めの金筋よく入る。

帽子　湾れ込み、小丸に返る。

中心　棟小肉、鑢目筋違、先刃上がり栗尻、孔一。

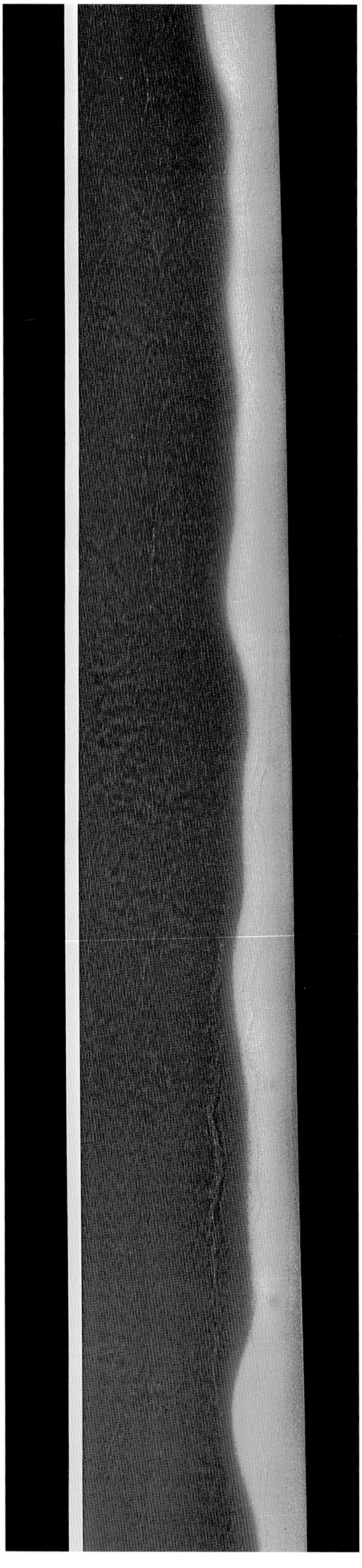

前掲とほぼ同じ狙いで製作したものである。裏の元寄りに、介在物とともに黒く地景が見え、刃縁に絡む金筋も認められる。同じ現象を分析したところ、含有率〇・一パーセントのチタンが検出された。金属学では、砂鉄の製錬は「含まれるチタンを凝縮し、鉱滓中に分離する」という考え方が有力である。事実はこれに反する。作者は、チタンが古名刀再現の手がかりの一つと考えている。

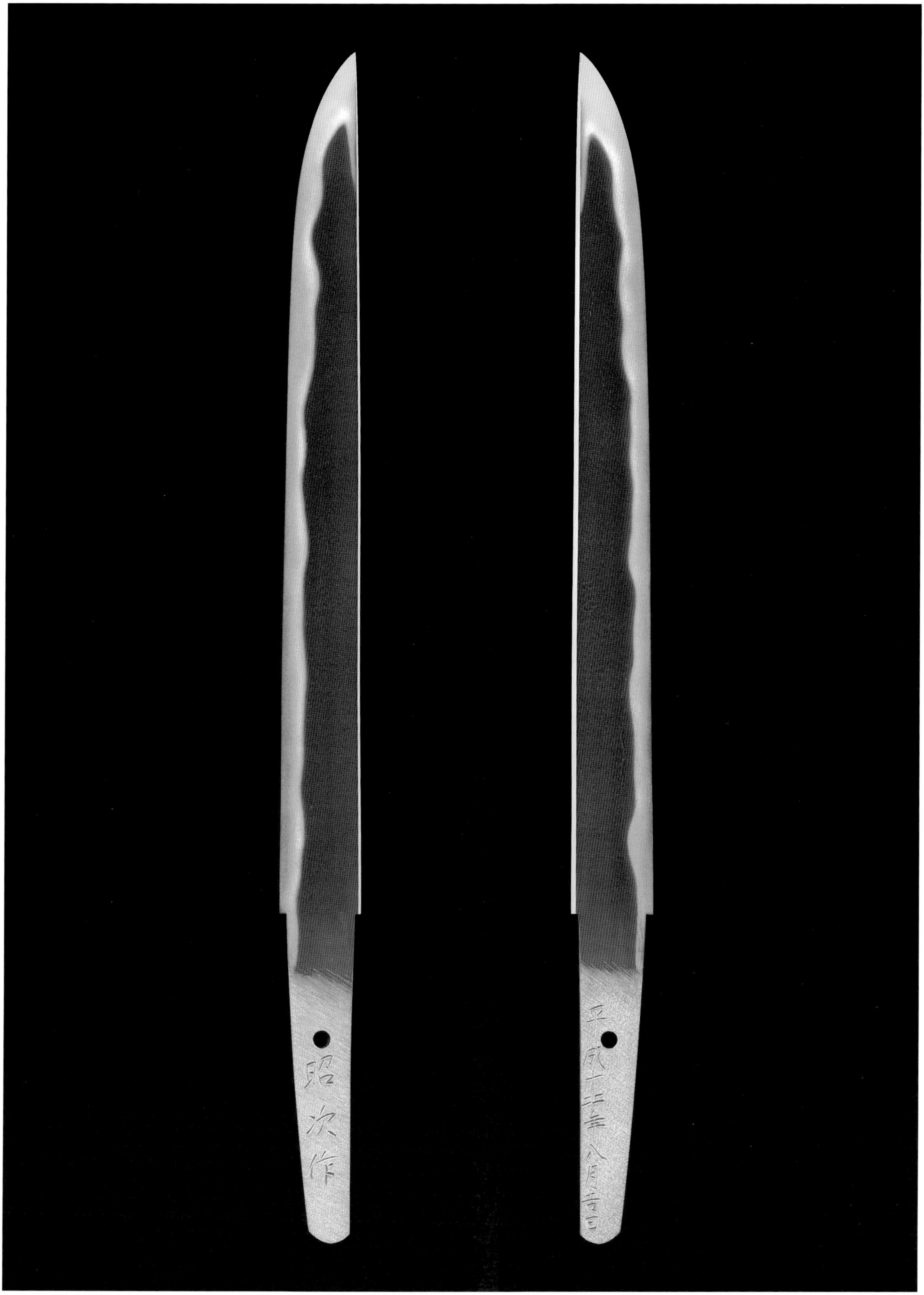
昭次作
平成十二年八月吉日

26

二〇〇三年

大太刀　銘　豊月山天田昭次(花押)作之
應需竹井博史氏　平成十五癸未年正月

刃長一〇四・五cm　反り三・七cm

形状　鎬造り、庵棟、中切先。

地鉄　小板目肌詰む。

焼刃　匂出来の丁子乱れ、匂口深く小沸つき、足よく入り、砂流しかかり、丸い飛び焼き現れる。

帽子　乱れ込み、先尖りごころに浅く返る。

彫刻　表裏に棒樋を掻き流す。

中心　棟小肉、鑢目筋違、先刃上がり栗尻、孔一。

刃渡り三尺四寸五分という長大な太刀である。技術的に、大きくなればなるほど難度が増すのは言うまでもない。鍛えであれ、焼き入れであれ、失敗なく完遂するには、余程の技量を要する。本刀は、地鉄に全くムラがない。丁子主体の焼刃も高低・強弱をつけながら、元から先まで破綻がない。作者にとって記念碑的労作であろう。

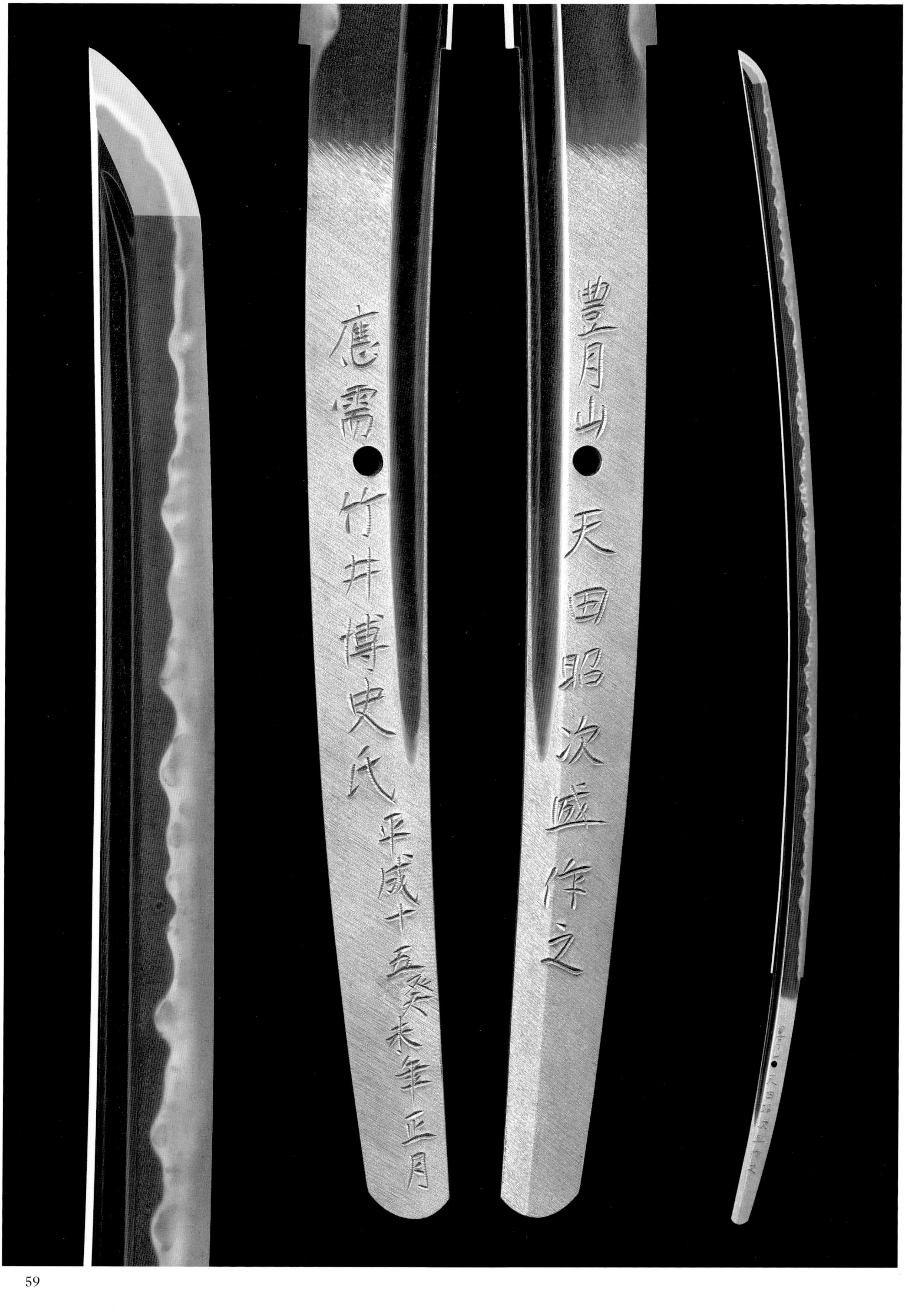
豊月山天田昭次盛作之
應需竹井博史氏
平成十五癸未年正月

27

二〇〇三年

太刀　銘　天田昭次作之
平成十五年弥生吉祥日

刃長七四・五cm　反り二・四cm

形状　鎬造り、庵棟、中切先詰まりごころに猪首風となる。
地鉄　小板目肌よく詰む。
焼刃　匂がちの丁子乱れ、小沸つき、足よく入り、砂流しかかり、ところどころ丸い飛び焼き現れる。
帽子　わずかに乱れ、丸く返る。
彫刻　表裏に棒樋を掻き流す。
中心　棟小肉、鑢目筋違、先刃上がり栗尻、孔一。

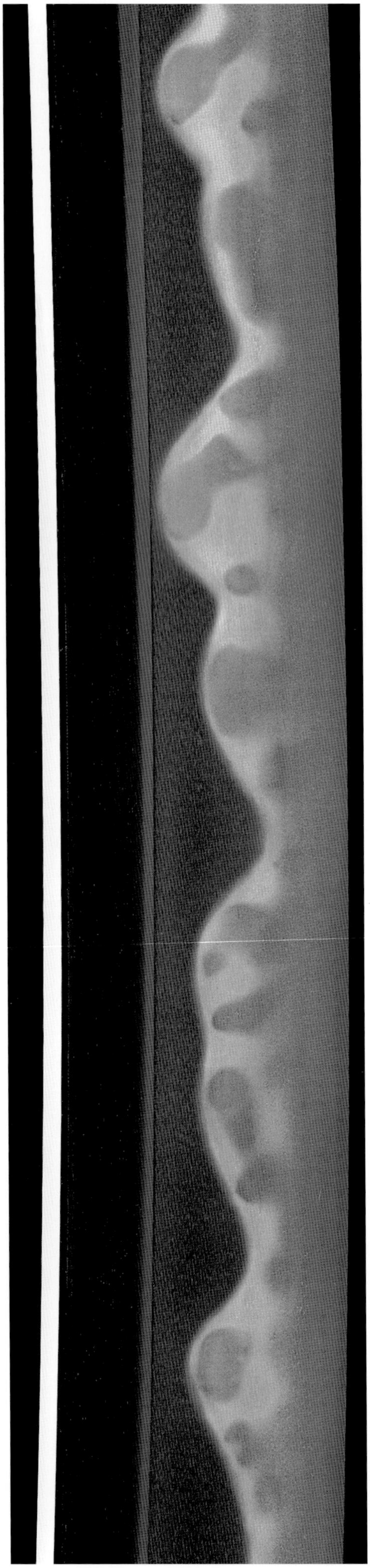

備前伝の近作太刀である。よく詰んで美しい地鉄に、刃縁の柔らかい丁子を華やかに焼いている。手に取って、心地良く鑑賞できる一刀である。

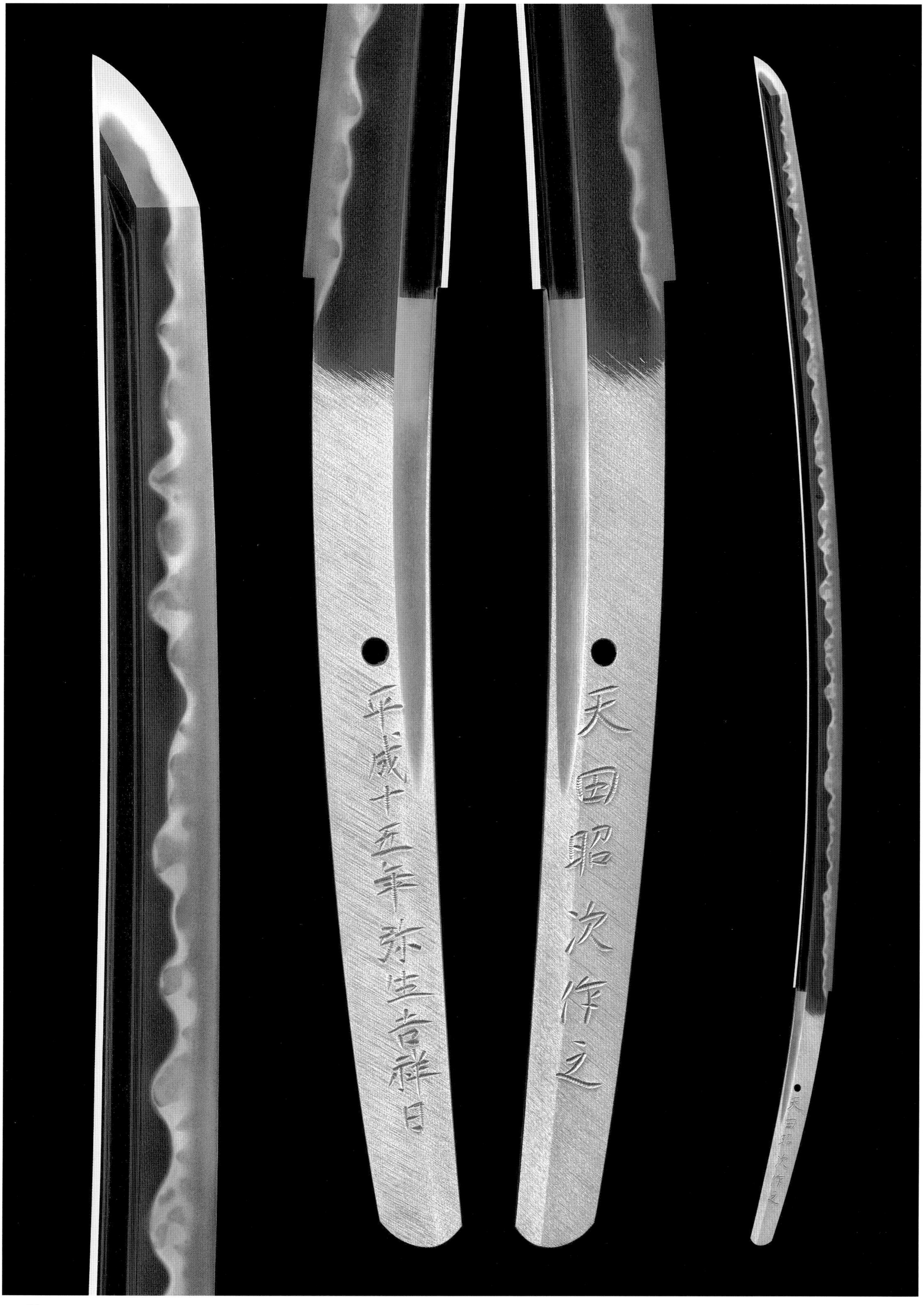
平成十五年弥生吉祥日
天国昭次作之
天国昭次作之

28

二〇〇四年

脇指　銘　昭次作

平成十六年二月日

刃長三八・八㎝　反り〇・二㎝

形状　平造り、庵棟。

地鉄　小板目肌よく詰み、わずかに流れ肌交じり、地沸厚くつき、地景よく入る。

焼刃　湾れに互の目交じり、小沸深く、匂口冴える。

帽子　乱れ込み、突き上げて、先尖りごころに返る。

彫刻　表裏に刀樋を掻き流す。

中心　棟小肉、鑢目筋違、先栗尻、孔一。

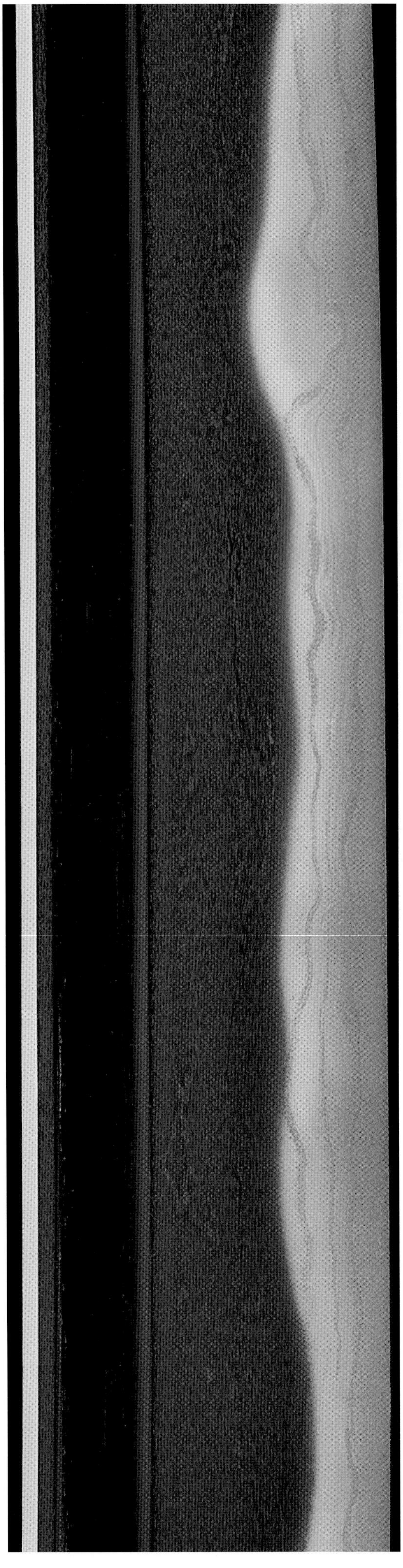

この年の新作刀展覧会無鑑査出品作である。永年にわたる地鉄の研究、殊に平成九年の重要無形文化財保持者認定以降の苦闘が、新たな境地を開きつつある。自ら製した鋼を、そのつぶやくままに素直に鍛えて、こうなったのである。棟寄りのチリと称する狭い部分の地肌にさえ、楽しめる見どころがある。地刃の顕著な変化は、介在するチタンによるものであろう。近々の大きな展開を予感させる作品である。

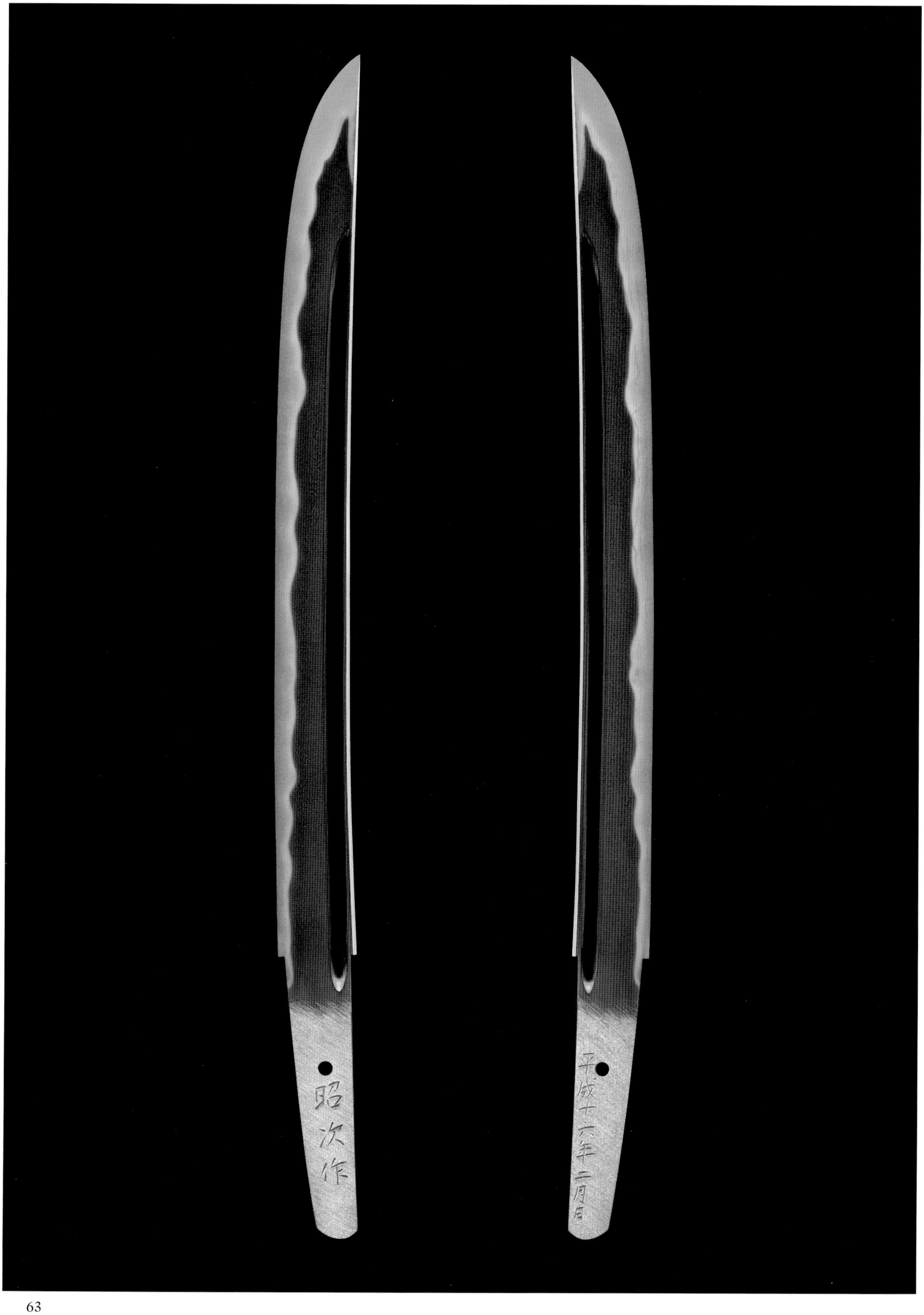
昭次作
平成十六年二月日

29

一九三四年

太刀　銘　下野住人彦三郎昭秀作之
昭和九年六月吉日

刃長七七・一cm　反り二・七cm

形状　鎬造り、庵棟、中切先。
地鉄　小板目肌詰む。
焼刃　沸出来の互の目乱れ、尖り刃交じり、刃中砂流し・金筋・足入る。
帽子　乱れ込み、先尖って返る。
彫刻　表昇り龍、裏下り龍。
中心　棟小肉、鑢目筋違に化粧、先栗尻、孔一。

この太刀の作者栗原彦三郎氏（刀匠銘昭秀、明治十二年〜昭和二十九年）は天田さんの師匠である。廃滅の危機に瀕していた日本刀の復興を若くして決意、自らその活動を担うとともに、衆議院議員当選後は政壇から訴え続けた。昭和八年、邸内に日本刀鍛錬伝習所を開設し、本格的に刀匠の養成を開始した。本刀を製作したこの年には、建議が実を結んで、刀剣の帝展への参加が実現した。翌十年には大日本刀匠協会を設立し、文部省の後援を得て新作日本刀展を恒例化、軍刀ブームを追い風として鍛刀界を隆盛に導いていった。一門の刀鍛冶は、全容をとらえきれないくらい多い。

戦後は、講和記念刀の製作許可を政府に取り付けるなど、作刀再開のきっかけを作った。近代以降の刀剣界最大の功労者と称してよい。

この作品は、当時としては異例に長寸であり、入念作の拵も付されているところから、注文打ちもしくは特別な贈答用として製作されたものであろう。

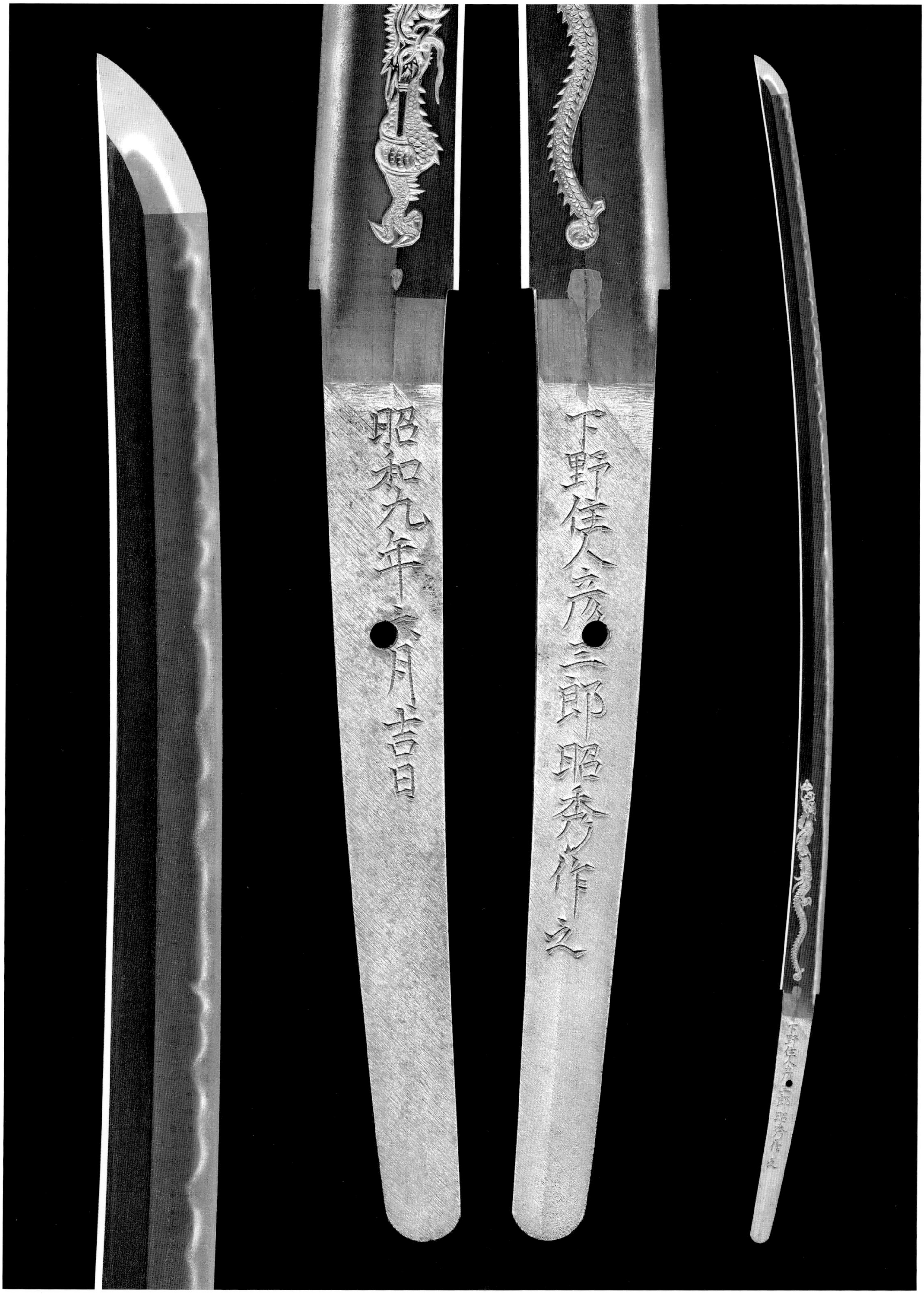
昭和九年六月吉日
下野住人彦三郎昭秀作之

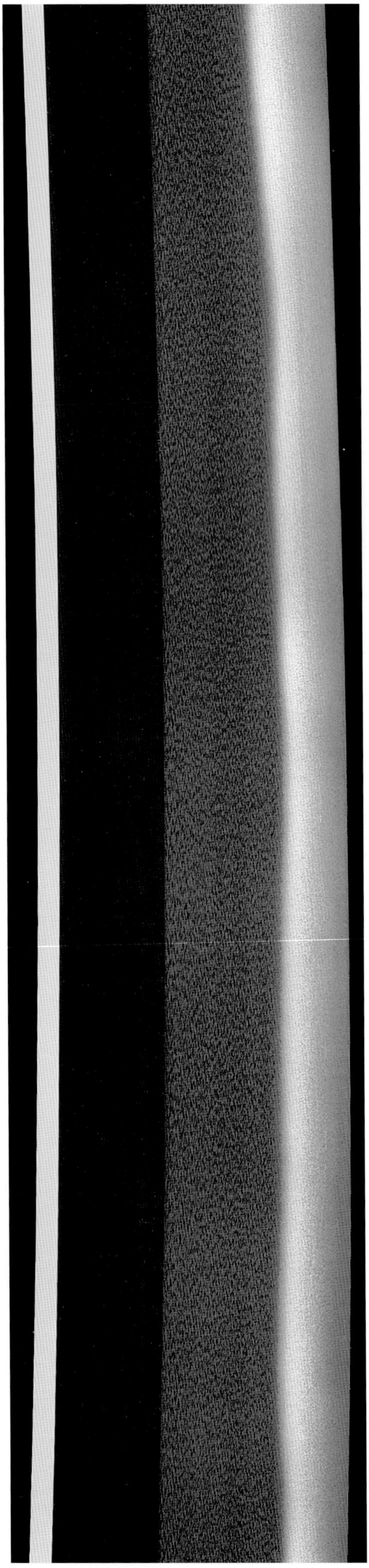

30

一九三四年

刀　銘　北越住天田貞吉　昭和九年二月吉日
應御子柴廉地氏需造之

刃長六七・九cm　反り一・六cm

形状　鎬造り、庵棟、中切先。
地鉄　小板目肌よく詰み、地沸つき、梨子地肌となる。
焼刃　直刃に湾れ交じり、沸よくつき、刃中砂流し・金筋・足入る。
帽子　直に大丸に浅く返る。
中心　棟小肉、鑢目筋違に化粧、先入山形《いりやまがた》、孔一。

製作者の貞吉《さだよし》氏（本名は「ていきち」、明治三十三年～昭和十二年）は、天田さんの父君である。

独学の刀鍛冶ながら頭角を現し、第十五回帝展入選、新作日本刀大共進会で最優等賞、第一回新作日本刀展で最高賞の文部大臣賞を受賞するなど、短期間に華々しい活躍を見せた。山本五十六元帥の佩刀も鍛えている。

しかし、その父には鍛刀の手ほどきすら受けていない。天田さん九歳のとき、三六歳の若さで急逝したからである。その三年後、小学校を卒業するとすぐに、東京・赤坂の栗原彦三郎師の門を叩くのである。少年の胸に「父のような刀鍛冶になりたい」「あのような刀を作りたい」という思いは強かったに違いない。

この刀を数年前に、天田さんは初めて見た。正直に言って、驚いたそうである。直刃を得意とはしていたが、地鉄は常のとは全く違うのである。もちろん、無鍛の洋鉄刀などでは、断じてない。まだ素材は特定できない。銘字も巧みで、天才鍛冶の面目躍如たる一刀である。

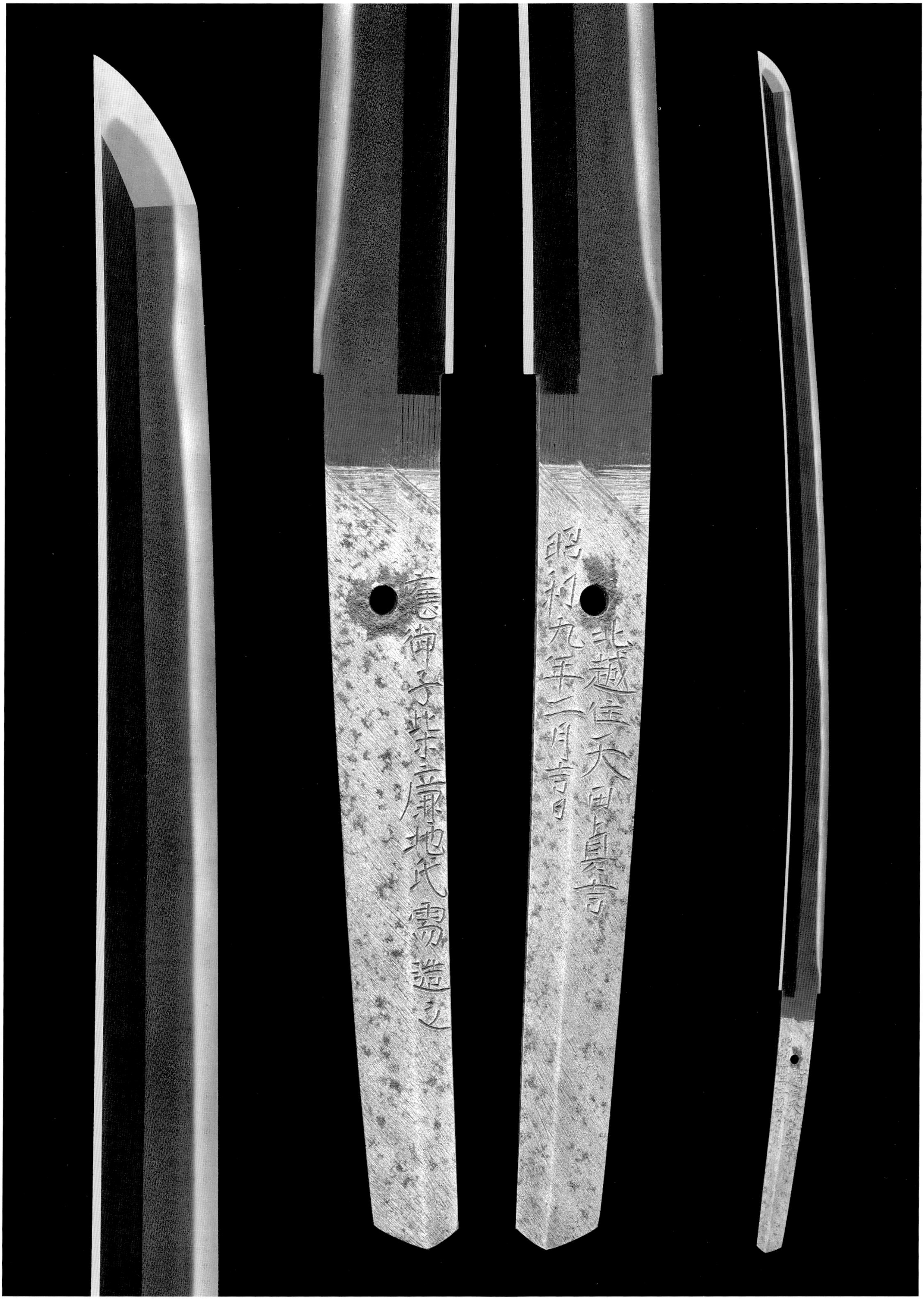
北越住天田貞吉
昭和九年二月吉日

31

一九七七年

太刀　銘　以真鍛宮入行平作
昭和五十二年八月日

刃長七四・〇cm　反り一・九cm

形状　鎬造り、庵棟、大切先。
地鉄　板目肌に大肌交じり、刃縁柾がかり、地沸厚くつき、地景入る。
焼刃　沸出来の互の目乱れ、匂口明るく、足よく入り、細かい砂流し、金筋かかる。
帽子　乱れ込み、先尖りごころに返る。
彫刻　表裏に棒樋丸止め。
中心　棟丸、鑢目勝手下がり、先栗尻、孔一。

宮入行平氏（前銘昭平、本名堅一、大正二年～昭和五十二年）は、天田さんの日本刀鍛錬伝習所時代の兄弟子であり、実の兄のような存在でもあった。

伝習所には天田さんの三年前に入所、既に鍛冶の基本技術は身に付いていたから、成長は早かった。翌昭和十三年の新作日本刀展で総裁大名誉賞を受賞すると、次いで海軍大臣賞・文部大臣賞など上位に格付けされている。刃長三尺の栗原師との合作で、傑作も経眼している。戦後は、作刀技術発表会の第一回から特賞を連続受賞して無鑑査に推され、三十八年には五〇歳の若さで重要無形文化財保持者に認定された。

この作品は、南北朝期の磨上《すりあ》げに範を取った「宮入姿」とも呼ぶべき完成した体配に、志津《しづ》風のゆったりした作調を見事に表現している。銘字を草書に変えて間もなく、作刀に新たな確信を得ていたかと思われる。

宮入氏は、この自作の研ぎ上がりを見ることはなかった。美術刀剣時代の牽引者の、早すぎる死であった。

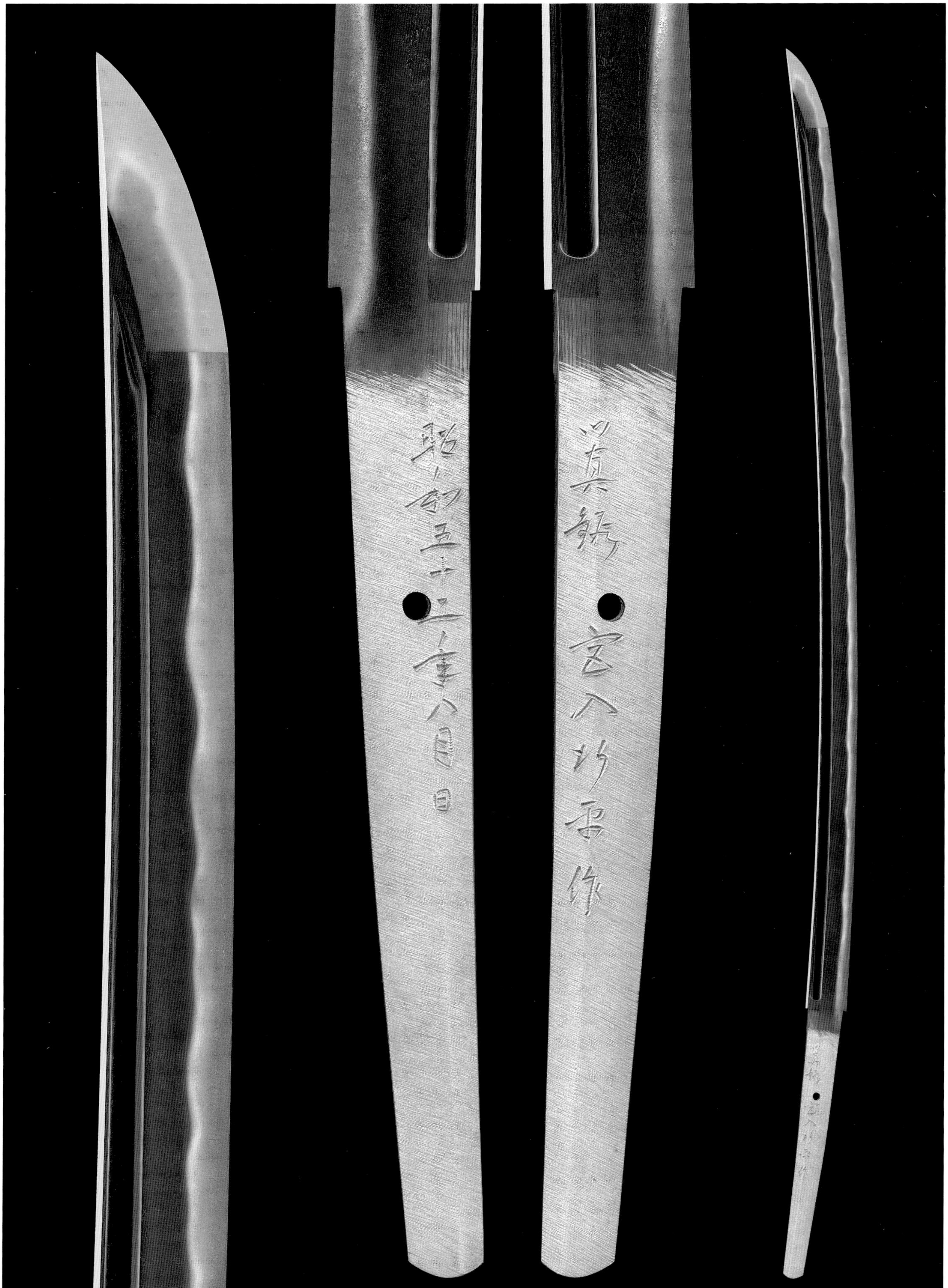
以真鍛 宮入行平作
昭和五十二年八月日

32

一九八六年

太刀　銘　天田収貞作
　　　　　昭和六十一年二月日

刃長六二・四cm　反り一・一cm

形状　切先両刃造り、庵棟。
地鉄　小板目肌よく詰み、地沸つき、地景入る。
焼刃　匂出来の直刃。
帽子　直に焼き詰める。
彫刻　表裏の中央に棒樋を掻き流し、薙刀樋《なぎなたび》を添える。
中心　棟小肉、鑢目筋違、先栗尻、孔一。

収貞《かねさだ》刀匠（本名貞夫、昭和八年～）は天田さんの実弟である。戦後、作刀が禁止され、やむなく農具や刃物の鍛冶を生業《なりわい》としていた当時から、形影相伴うごとく仕事を共にしてきた。刀に転じては、自家製鉄から鍛錬、実験研究、弟子の育成に至るまで、すべてにかかわってきた。あえて言うなら、この良き協力者がいなかったなら、天田さんは現在と違った行き方を選択せざるを得なかったかもしれない。

本刀は、新作名刀展において優秀賞を受賞したものである。本歌は著名な御物「小烏丸《こがらすまる》」で、この独特な造り込みを小烏造りとも言う。平安時代初期の作で、区際《まちぎわ》に顕著な反りが見られるばかりでなく、刀身にも明らかに反りが認められるところから、大刀《たち》から次代の太刀《たち》姿への過渡期を物語るとされている。

本作品の地鉄には、磁鉄鉱の一種である餅鉄《もちてつ》を還元して得た鉧を用いている。丹念に鍛えて美しく、両刃も見事に決まっている。さすがは経験豊かな手練《てだ》れの技である。

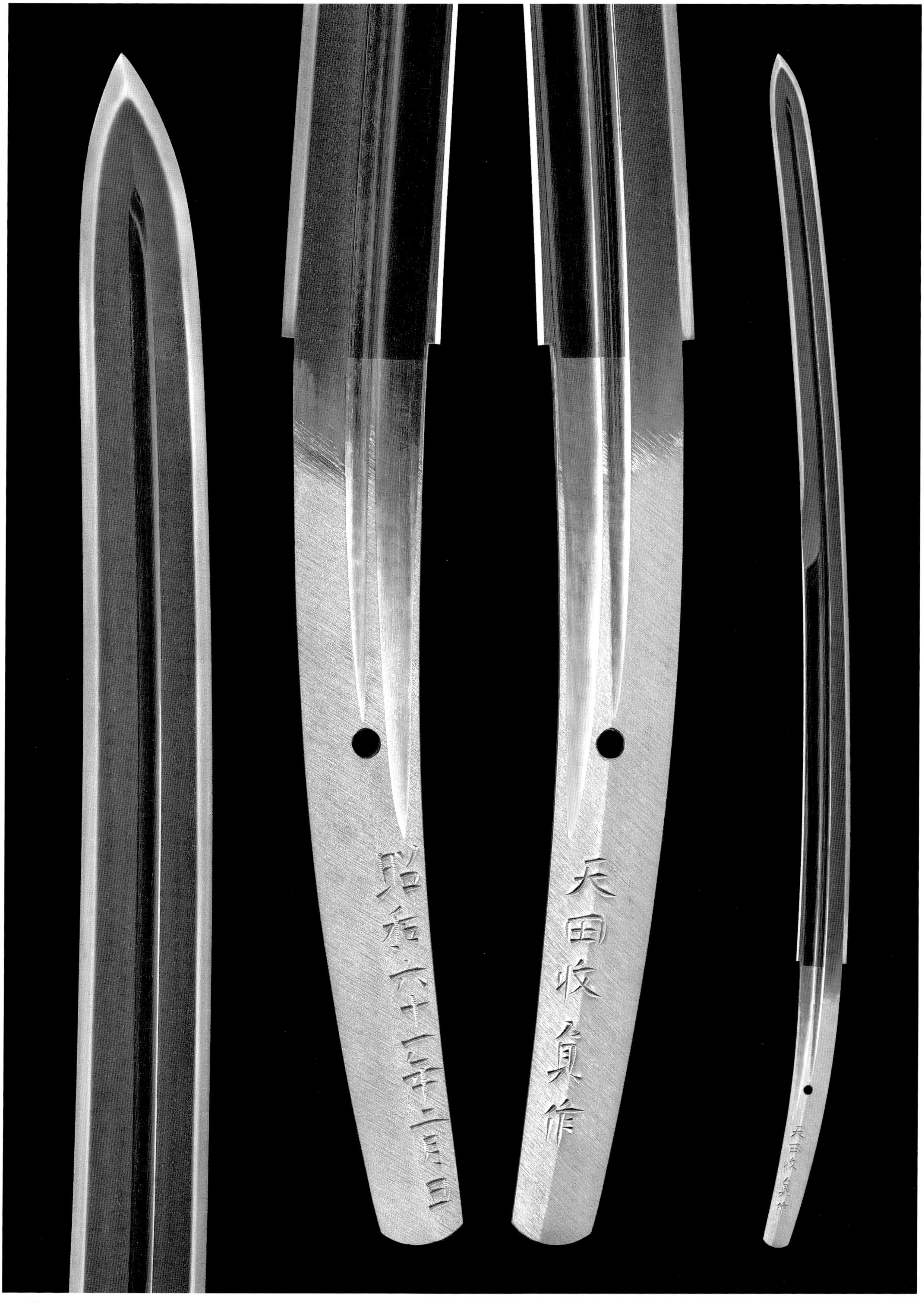
昭和六十一年二月日
天田收貞作
天田收貞作

天田昭次（あまた・あきつぐ）略　譜

本　名　天田誠一
現住所　〒959-2334 新潟県新発田市月岡402−5

昭和2年8月7日	天田貞吉の長男として本田村本田（現・新発田市）に出生
15年3月	上京し、日本刀鍛錬伝習所（所長・栗原彦三郎昭秀）に入門
27年	講和記念刀を製作
	伊勢神宮式年遷宮御神宝大刀製作に宮入昭平刀匠の助手として奉仕
29年6月8日	文化財保護委員会より製作承認を受ける
30年	第1回作刀技術発表会に出品、優秀賞を受賞
32年	第3回作刀技術発表会に出品、優秀賞を受賞
33年	第4回作刀技術発表会に出品、優秀賞を受賞
34年	現状の作刀に疑問を感じ、自家製鉄の本格的研究を開始
35年	闘病生活に入る
43年	快復して作刀を再開。現住所に自宅・鍛刀所・製鉄所を移転
	自家製鉄による作品を第4回新作名刀展に出品、奨励賞を受賞
44年	第5回新作名刀展に出品、奨励賞を受賞
45年	第6回新作名刀展に出品、名誉会長賞を受賞
46年	第7回新作名刀展に出品、奨励賞を受賞
47年	第8回新作名刀展に出品、奨励賞を受賞。同展無鑑査に認定される
	新潟日報文化賞を受賞
	小形製鉄炉の研究で財団法人日本美術刀剣保存協会より第1回薫山賞を受賞
48年	伊勢神宮式年遷宮御神宝大刀を製作奉仕
	第9回新作名刀展に無鑑査出品。以後現在まで無鑑査出品
	地元真木山遺跡の発掘・調査に際して指導と助言に当たる
49年	新横綱北の湖の土俵入りの太刀を製作
50年	新作名刀展審査員に任命される。以後現在まで審査員を務める
51年	長谷川熊彦・芹沢正雄両氏と「自然通風炉による古代製鉄法復元実験」を共同研究、『鉄と鋼』に成果を発表
52年	第13回新作名刀展に無鑑査出品、正宗賞を受賞
	全日本刀匠会副理事長に就任
53年3月14日	豊浦町無形文化財に指定される
3月30日	新潟県無形文化財に指定される
60年	第21回新作名刀展に無鑑査出品、正宗賞を受賞
61年11月	新潟大和にて「天田昭次作品展」を開催
62年10月	第1回新作短刀小品展（小刀の部）に出品、特選となる
同月	日本橋三越本店にて「天田昭次作刀展」を開催
63年	文化庁主催美術刀剣刀匠技術保存研修会講師に任命される
平成2年	全日本刀匠会理事長に就任
7年	伊勢神宮式年遷宮御神宝大刀を製作奉仕
7年	全日本刀匠会理事長を退任し、顧問に就任
	財団法人日本美術刀剣保存協会理事に就任
8年	新作刀展覧会に無鑑査出品、正宗賞を受賞
9年5月23日	重要無形文化財保持者（人間国宝）に認定される
8月24日	豊浦町名誉町民の称号と町民章を授与される
11年11月	勲四等旭日小綬章を受章
15年7月	新発田市名誉市民の称号を贈られる

天田昭次作品集 鉄と日本刀の五〇年

平成十七年三月 五 日　第一刷
平成十七年五月十二日　第二刷

編集　天田昭次作品集編集委員会
発行　慶友社
〒一〇一−〇〇五一
東京都千代田区神田神保町二−四八
☎〇三−三二六一−一三六一
印刷　同美印刷

ISBN4-87449-236-3　C0072